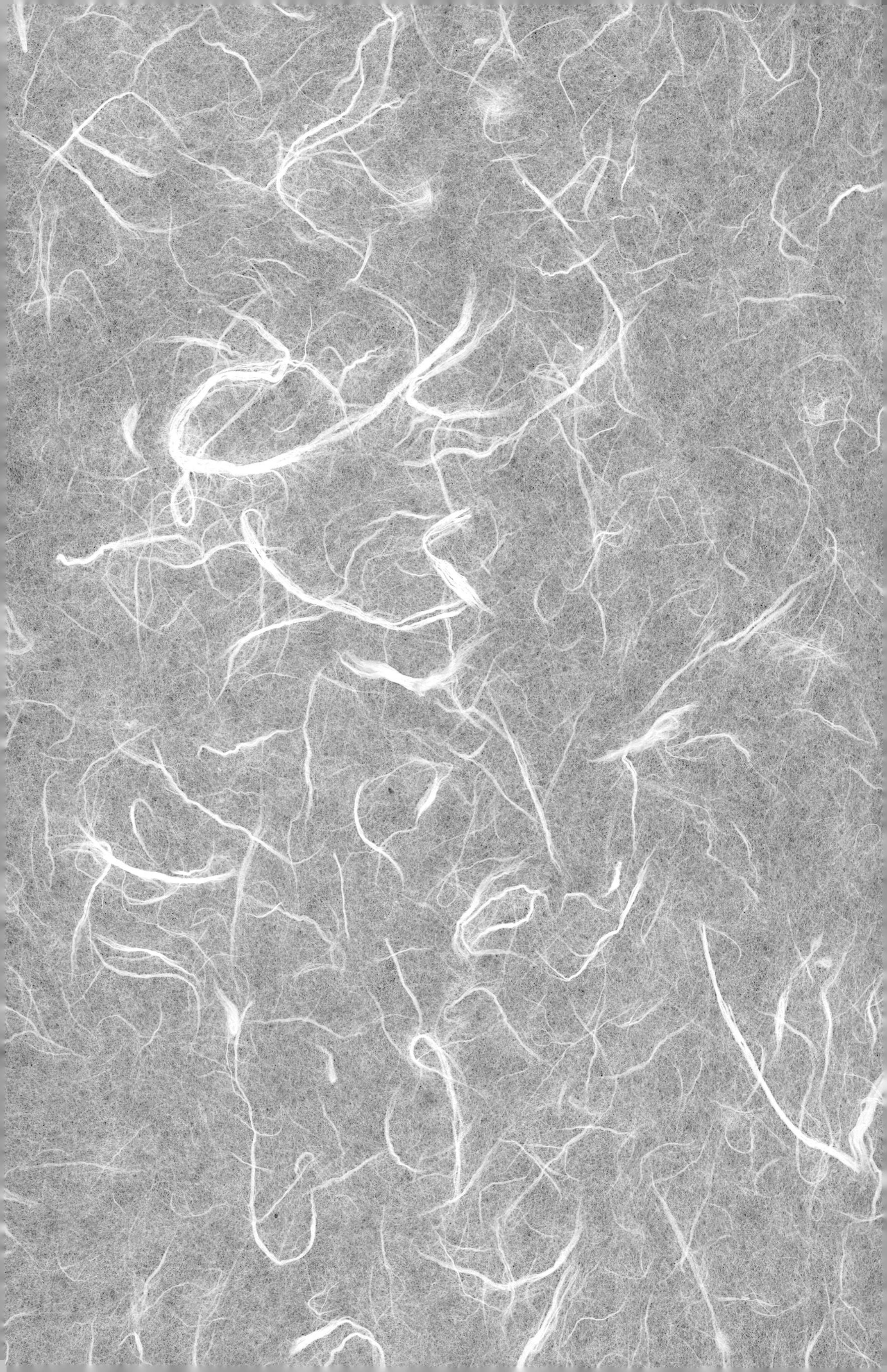

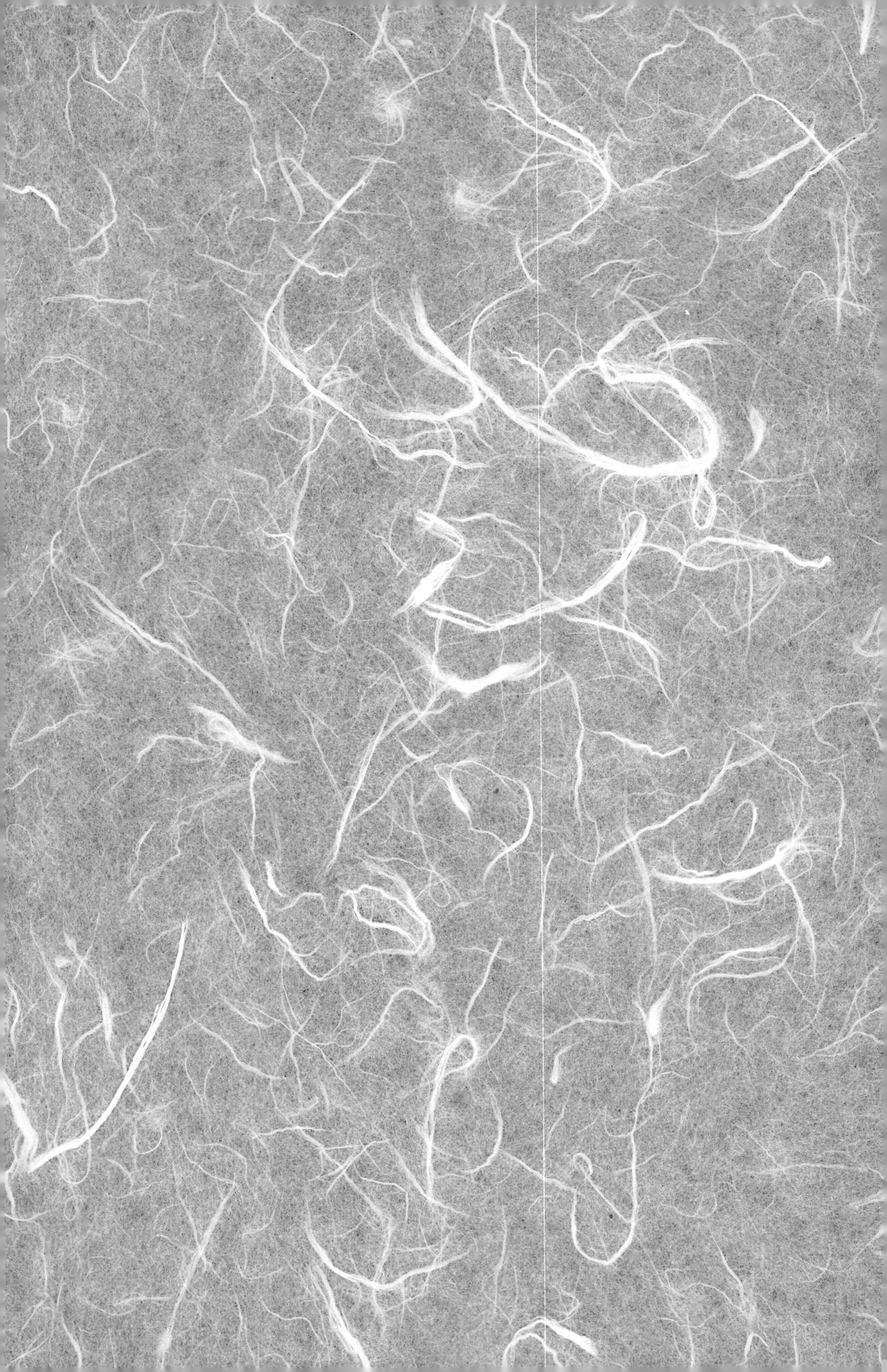

金刚经量子说

高月明 著

图书在版编目（CIP）数据

金刚经量子说 / 高月明著. -- 郑州 : 河南人民出版社，2016.3
ISBN 978-7-215-09958-6

Ⅰ. ①金… Ⅱ. ①高… Ⅲ. ①佛经②《金刚经》–研究 Ⅳ. ①B942.1

中国版本图书馆CIP数据核字(2016)第065807号

河南人民出版社出版发行

（地址：郑州市经五路66号　邮政编码：450002　电话：65788036）

新华书店经销　　河南省瑞光印务股份有限公司

开本　787毫米×1092毫米　1/16　印张　15.5

印数1–10 000册

2016年3月第1版　　2016年3月第1次印刷

定价：198. 00元

序　言

佛法分了义经与不了义经。不了义经是为度人方便说，不明了开显法性实义的经典。了义经是指直达佛法实相第一义谛，可以直接悟道成佛的经典。《金刚经》是了义经。自古被奉为发三乘之奥旨，启万法之玄微，诸佛传心之秘密大乘。正如经中所言："如来为大乘者说，为最上乘者说。"金刚经破四相，破我执、破法执，讲解实相第一义谛，是为成佛者说。

在禅宗四祖之前以《楞伽经》为印心之经。印心即是印证实相，印证悟道成佛的标准。由于楞伽经法相繁多，译文生涩，在六祖惠能依金刚经彻悟实相后，禅宗即以金刚经作为了印心之经。金刚经对于开悟佛法奥义简洁明了、直达实相，是上至古代皇帝，下至贤哲和平民百姓禅修者必参之经。

佛祖为普度众生，前设六百卷《大般若经》为度人舟航。其中大部分为应缘暂立出的"空拳黄叶"。所谓解铃还须系铃人，当佛祖要开演第一实相义时，就要破之前所说的一切法相。如何破呢？还是要以法相来破法相。例如"无我相、无人相、无众生相、无寿者相""如来所说法，皆不可取，不可说"，等等。这种以相破相的方法就是以楔出楔、以水洗水。对慧根者，可以顿弃一切，虚空粉碎、大地平沉，顿悟实相。钝根者，则易困于逻辑推理之中。所谓“一句合头语，千古系驴橛”。

如果能够以实相境界来解读金刚经，则一通百通，一融百融，打破砂锅，透亮了，直达实相奥义。为什么以实相境界那么难呢？

第一，古时人们都是通过观察、推理（缘起、无常）的方式认识佛法实相的。然而，佛法第一实相与任何的法相比喻都没有直接关系。但是又要学习大量的法相理论，通过缜密思考，才会解悟到“无法相”。因此就会出现有人纠缠在各种对法相的推理中。

第二，万千佛经无非说了一个事——实相无相：一切皆是心生幻象。然而这个事自古以来需要经过长期学习，不断思考，才会让一个人从一开始的勉强相信，到慢慢相信，直至深信不疑。但是这个过程是极其不确定和漫长的。这需要遇到真正的老师和长期的努力参研学习。

今天是否有一种现代方式，直接相信实相呢？答案是有。什么方式？下面先用一个例子说明一下。

1905年，在爱因斯坦提出“相对论”后，据说当时世界上只有三个人相信。为什么呢？因为相对论带给世人的是违背常识的认识：“时间、空间竟然是一种假象。当你以光速飞行，时间就停止了。”这种事情太不可思议了！只有在大量实验证明后，相对论才被人们普遍接受。设想一下，如果理论没有被实验证明，会有几个人愿意去相信呢？恐怕今天还会处在无休止的争论中。

同样道理，当一个人以观察、推理和直觉的方式相信实相，需要经过长期的学习和拥有灵通之智（例如六祖惠能）。当现在以直接的、无可置疑的实验证明理论的方式——量子力学证明实相，就可以穿越一切比喻言说，破除我执和法执，如天马行空，毫无阻滞，直达佛法实相奥义！

现在问你个问题："两点间最短的距离是什么？"如果你回答是"直线"，那么你就错了。如果你拿一张纸，在页面的一端写上A，另一端面写上B，然后将纸折叠起来，让A和B碰在一起，这个距离最短。这个现象叫作"虫洞"。要想制造一个虫洞，需要大量能量把时空弄弯曲，然后虫洞才会出现（新近上映的科幻电影《星际穿越》就演示了虫洞现象）。

今天量子力学的发展，可以让人们以一种从未有过的现代方式——量子力学顿悟实相的方式解读金刚经。这种方式就如同是将时空弯曲，让我们可以穿越一切"比喻言说"，从一点瞬间到达另一点，而不经过其中的空间！

《金刚经量子说》就是以量子力学证明"实相无相"的方式解读金刚经。

目录

开经偈

【原文】

无上甚深微妙法，
百千万劫难遭遇；
我今见闻得受持，
愿解如来真实义。

【讲解】

这首开经偈是在1300多年前，《华严经》翻译圆满呈献给武则天时，她非常欢喜，有感而发，写了这首开经偈。后来又有一些古德说了许多开经偈，但没有一首能够超过这首偈子的。今天先说这首偈的原因是：想借用其中的一句话——“愿解如来真实义”。为什么要借用这句话？因为佛法的真实义非常难解难懂，绝大多数人都是执着于法相，穷一生精力，也未能解到如来真实义。

这次讲解《金刚经》，就是要本着愿解如来真实义的决心和勇气来解读和理解这部经典。为什么要说决心和勇气呢？因为要提醒大家破除法相很难！能够悟道解脱生死很难！

什么是真实义？或者说，佛祖在菩提树下究竟悟到了什么？答案很简单：实相。实相非常的不可思议。到底如何的不可思议呢？

用一个比喻来说。有一个出生后就双眼失明的人，他从来没有见过太阳。有一天他去问了一位路人。路人说，太阳就像铜盘一样。结果盲人找到了一个铜盘，敲了一下，听到了当当的声音。自此以后，每当盲人听到当当声时，都以为是太阳来了。又有人告诉他，太阳像蜡烛一样发出光和热。盲人就又找到蜡烛，然后摸了摸蜡烛的样子。结果可想而知，每当盲人摸到类似棍子样的物体都认为是太阳。当当声、棍子与太阳一点关系都没有。喻体（铜盘）与本体（太阳）一点也不像。

同样道理，佛经中用了许多比喻来说明实相，但是人们总是抓住铜盘和蜡烛不放。佛祖不断强调“以指指月，指非是月”——我说的是月亮，不要抓住手指不放。

所以如果现在再问，实相是什么？这句话不可问，也不可回答。因为实相无相——这句话的意思是包括实相这个名词本身在内，以及任何所知所觉到的现象都是幻象。所以无论怎么说，都是在幻中说幻和在妄中指真。在逻辑认识上，妄中是无法指真的，而非逻辑的就是“不可说”的，只能证悟。

既然实相不可说，但是为什么佛祖还要说那么多的“铜盘”和“蜡烛”呢？

原因是，佛法的核心是度人——让世人离苦得乐！究竟彻底的度人是度人解脱生死。但是要想解脱生死，必须要悟到实相。在2500年前，佛祖要把佛法弘扬出去，在当时条件下，认识字的人非常少，正所谓“先以欲勾连，后令入佛智”，所以一开始佛祖为广度众生，开演出了诸多法门法相，广集学生弟子。然后在其中选择灵通智慧者，教授实相法（了义经）。只有学实相法，最终彻悟实相者，才可成为后代宗师。

法相繁复的原因还在于，所谓“十里不同风，百里不同俗”，要想度人，就要根据各地文化风俗的不同而应机施设度人之法。由此每一种法门都留下来种种比喻法相。此外，当佛法流传于不同地域时，传法大法师为了弘法方便，结合当地的神话传说，又形成了独具本地特色的传法体系。其实无论佛法宗门体系有多么复杂和神秘，根本目的都是为了说明第一义谛实相义。正如《维摩经》中说：“能善分别诸法相，于第一义而不动。”

因此非常清楚地说，佛法的实相，即如来真实义，与为度人方便施设出的法相一点关系都没有。佛祖在经中不断强调，一切法相皆是为度众生暂立的空拳黄叶。什么是空拳黄叶呢?

在《宝积经》中说：“如以空拳诱小儿，示言有物令欢喜；开手拳空无所见，小儿于此复号啼。如是诸佛难思议，善巧调伏众生类；了知法性无所有，假名安立示世间。”

《金刚经》是六百卷《大般若经》的精华汇总和结语，是一部直达实相的经典，是破一切比喻法相的经典。经中多“即非……是名……”等语句的原因就在于要人们破除“铜盘”和“蜡烛”的比喻相。

《金刚经》容易诵读，但是解悟则极难！自古唯有灵通者方能彻解彻悟。例如禅宗五祖弘忍大师所开东山法门，门下弟子一千多人，当五祖要传衣钵时，却偷偷传给了惠能。为什么呢？或者从另一角度说，为什么五祖为六祖讲解金刚经时要用袈裟遮住窗户？因为学佛容易，悟道难。难在何处？难在法相难解难破。假设五祖打开窗户像给六祖一样，以破一切法相的方式讲解金刚经，门下的弟子能剩下几个人呢？

为什么东山法门兴盛？不仅是因为五祖是证悟实相者，更在于五祖善为度人智慧——“示言有物令欢喜”。但是要想与谁讲“开手拳空无所见”，就要看各自的慧根了。慧根这个东西不是教的，教也教不来，给也给不了。如果能教，五祖就直接教给神秀多省事呢，何必费那么大的力气去选惠能呢！

因此总结以上，第一，是法平等，无有高下，能够度人离苦得乐的法就是佛法。第二，实相法只能依因缘而讲说。所以五祖门下一千多的弟子，包括神秀在内，都在被方便法门所度，六祖是被实相法所度。正如金刚经中所说“如是人等，即为荷担如来阿耨多罗三藐三菩提”。**东山法门，千人之中，只有惠能一个人可以荷担阿耨多罗三藐三菩提！**

《金刚经》是六百卷大般若经的精华，如果把佛祖的教育法分为小学、中学、大学，金刚经就如同是讲佛法大学最后年级的最后一节课，即是检验印证众生是否悟到佛法实相的一节课。

【本次讲经原则】

四依四不依：依法不依人；依了义经不依不了义经；依智不依识；依义不依语。

为什么会存在四依四不依呢？在《大般涅槃经》中佛祖说："譬如城市有卖药人，有妙甘药出于雪山，亦复多卖其余杂药，味甘相似。时有诸人咸皆欲买而不识别，至卖药所问言：'汝有雪山药不？'其卖药人即答言：'有。'是人欺诈以余杂药，语买者言：'此是雪山甘好妙药。'时买药者以肉眼故，不能善别即买持归。便作是念：'我今已得雪山甘药。'"因此四依四不依是佛为世人甄别正法设立出的四条标准。

依法不依人：本次讲解不依任何古德注解说了什么，只依佛经的上下文来理解经中义理。上下文也包括六百卷《大般若经》中的一些内容。

依义不依语，依智不依识：今日讲解某些地方不会咬文嚼字解释每个字说了什么，而是会以第一实相义理来解释经文究竟在说什么。

依了义不依不了义经：义指第一义谛。《宝积经》云："佛答文殊：说胜义为了义，说世俗为不了义；说烦恼业尽为了义，说烦恼作业异于涅槃为不了义；说生死涅槃无二无别为了义，说厌生死苦趣涅槃乐为不了义。"因此，不了义经是指佛依机缘随人方便说。了义经是专说实相第一义谛，不因机缘而有差别。正如本经所说“如来是真语者、实语者、如语者、不诳语者、不异语者”。《金刚经》是了义经，是让人悟道成佛的经典。今天的讲解只讲了义之“义”！

释经题：金刚般若波罗蜜经

【讲解】

金刚：本指古代印度神话中的一种武器。在此表达像金刚一样坚固不坏，锐利能断一切烦恼的意思。

般若：般若是梵文的音译。意译成中文无以名之，强以名之为“智慧”。这个智慧不是指一般的世俗知识，而是指认识到世界人生存在的真相。这种认识因为超越了一切逻辑分别，无法用语言表达，只可意会——“悟”，所以只音译为般若。

波罗蜜：波罗蜜是梵文的音译。意译为到彼岸。佛祖创建佛法的目的是度众生到彼岸。何谓到彼岸呢？例如，一个孩子哭了，你给她一块糖，她就开心了，不哭了，这时她就到彼岸了。同样，一个人在生活中会遇各种烦恼苦和生死苦，如果能够解脱烦恼和生死，就到达离苦得乐的彼岸了。所以彼岸不是有个地方可到，离苦得乐就是彼岸。心迷则此岸，心悟则彼岸。凡夫是此岸，成佛即彼岸。有彼岸可寻是此岸，无彼岸可到即彼岸。

整句话的意思：像锐利的金刚武器一样的智慧，摧毁世人的一切世间烦恼苦和生死苦，到达离苦得乐彼岸的一部经。

【金刚经的翻译】

《金刚经》成书于公元前一世纪左右。前半部分讲人空（破我执），后半部分讲法空（破法执）。翻译此经前后经历了五位皇帝和一位郡守的大力护持。最早的译本由鸠摩罗什于弘始四年（公元401年）译出。其后相继又出现了五种译本。具体是北魏菩提流支译《金刚般若波罗蜜经》；南朝陈真谛译《金刚般若波罗蜜经》；隋达摩笈多译《金刚能断般若波罗蜜经》；唐玄奘译《能断金刚般若波罗蜜多经》；唐义净译《佛说能断金刚般若波罗蜜多经》。经过1600年世人的验证，鸠摩罗什的译本文笔最为优美达意，译得最好，一直得到普遍弘扬和推崇。因此今天依鸠摩罗什的译本讲解。

对金刚经的翻译总计都出现了六种译本，自古对金刚经的注疏就更多了。明成祖朱棣把众多写得好的注疏集合起来，编撰了一本《金刚般若波罗蜜经集注》。仅从这一点，足见自古金刚经在人们心目中的地位、普及率和深奥程度了。《金刚经》深解实相，是破一切我相、法相的经典。讲解实相是可遇而不可求的。

【三藏法师鸠摩罗什（公元 344年～413 年）】

三藏法师是指精通经、律、论三藏经典的大法师。经指佛所说的经典，律指戒律，论指后人对佛经的理解注释。

公元382年，前秦皇帝苻坚听闻西域鸠摩罗什为当代圣贤，就派骁骑将军吕光、陵江将军姜飞等，率领七万精兵攻打龟兹，以得鸠摩罗什。临行前，苻坚对吕光说：“夫帝王应天而治，以子爱苍生为本。岂贪其地而伐之，正以怀道之人故也。朕闻西国有鸠摩罗什，深解法相，善闲阴阳，为后学之宗。朕甚思之。贤哲者，国之大宝，若克龟兹，即驰驿送什。”

公元384年，吕光攻克龟兹，得鸠摩罗什。此时鸠摩罗什已经40岁。淝水之战后，385年，姚苌杀苻坚自立为帝，建立后秦。此时吕光行军至甘肃一带，闻知苻坚被杀，也自立为帝，国号凉。姚苌死后，姚兴继位。公元399年，吕光病死，吕隆继位。公元401年，姚兴派将西伐吕隆。吕隆军败，姚兴这才迎请鸠摩罗什入长安，拜为国师。此时鸠摩罗什已然58岁矣。当时举国上下，博通经籍的学士，多拜罗什为师。罗什率僧肇等弟子八百多人，开始主持译经场。译经的方法是由他讲一句，众人研究讨论，字字斟酌，常为一字一句，研讨数月才被确定。想象一下，现在大家手里拿的这部金刚经，每一个字都是经过鸠摩罗什和众多法师共同努力研究后确定出来的。

第一品　法会因由分

【原文】

如是我闻。一时，佛在舍卫国祇树给孤独园，与大比丘众千二百五十人俱。尔时，世尊食时，著衣持钵，入舍卫大城乞食。于其城中，次第乞已，还至本处。饭食讫，收衣钵，洗足已，敷座而坐。

【讲解】

(图1　佛祖释迦牟尼讲法图)

如是：我当时是如此听到的。如是一词源自佛祖临入涅槃时，阿难提出的四个问题。在《大智度论》中记载："如来临入涅槃时，告阿难言：十二部经，汝当流通。复告优婆离言：一切律戒，汝当受持。”时优婆离尊者语阿难言，“汝是守护佛法藏者，当问佛未来要事”。于是优婆离尊者同阿难往问世尊四条事。

一问：一切经首当置何言？

答曰：一切经首当置如是。

解释：佛祖释迦牟尼在世传法49年，都是因人因机说法。佛祖恐怕人们执着于法相，总是以随立随破的方式讲解佛法奥义，所以每次讲经现场都没有任何记录，当时的弟子都是靠记忆记住佛法要义的。例如，佛祖在55岁时，选阿难为常随侍者，是因为阿难可以谨记无误佛的一言一语，因此阿难又被称为“多闻第一”。佛祖涅槃后第一次结集就是由阿难诵出三藏中的经藏，然后由在场的弟子们一字一句地研究讨论，最后确定下来的。

为了能够广为弘扬佛法，树立正法，增强世人的信心信念，佛祖才让弟子们在他涅槃后结集出佛经。为了说明每部佛经都是佛祖说的，经首都以“如是”开场。另外，佛祖在当时不允许搞个人崇拜，所以那时是没有佛像的。

二问：以何为师？

答曰：以婆罗提木叉，是汝大师。

解释：婆罗提木叉是指戒律。为什么以戒为师？所谓人上一百，形形色色，戒律可以让人戒除恶行恶念、清净内心，保持僧团的纯洁性。因此戒律的作用非常重要，是修证佛法的基础。正所谓“以戒为定基，因定而生慧”。无基不定，故以戒为师。

(图2 佛祖释迦牟尼涅槃图)

三问：依何而住？

答曰：皆依四念处而住。

解释：四念处又称四念住。具体如下：

一身念处：观身为不净也。身为父母所生之肉身，身之内外，污秽充满，无一净处，故观身为不净。

二受念处：观受为苦也。受为苦乐之感，乐从苦之因缘而生，又生苦乐，世间无实乐，故观受为苦。

三心念处：观心为无常也。心为眼等之心识，念念生灭，更无常住之时，故观为无常。

四法念处：观法为无我也。法为除上三者所余之一切，法无自主自在之性，故观为无我。

佛祖释迦牟尼一开始讲小乘佛法，即苦集灭道。但后来在大乘中就不讲了。例如《心经》里有“无苦集灭道”的说法。佛法是让世人离一切执着，除一切贪欲获得自在解脱的。如果把佛祖讲的佛法分为小学，中学，大学，苦集灭道就如同是中小学的课程。在大乘般若了义经（如《金刚经》《圆觉经》）中就几乎没有谈到了。

四问：恶性车匿如何共住？

答曰：恶性比丘以梵檀治之。

梵檀译成中文是默摈的意思。摈者敬而远之之意。所谓“百战百胜不如一忍，万言万当不如一默”。此处的含义是“天雨虽宽不润无根之草，佛门虽广只度有缘之人”。因此对待恶性比丘的方法是敬而远之，不与之争论辩驳。

祇树给孤独园：祇树指祇陀太子种的树。给孤独园指给孤独长者的林园。给孤独长者即须达多，性慈善，好施孤独，故得此名。

按刊定记引云：波斯匿王有一大臣，名须达多，为儿聘妇，至王舍城，寄宿删檀那长者家。长者中夜而起，庄严舍宅，营办供养。须达多问言：“欲请国王耶？或为婚姻之会耶？”答曰：“非也，为欲请佛。”须达多一闻佛字，身毛皆竖。复问何以为佛？删檀那即为备述佛之功德。须达多善

（图3 祇树给孤独园遗址）

根发现，喜悦无量，即问佛在何处？答曰："今在王舍城，竹林精舍。"须达多渴念于佛，佛放光照之，忽见佛光，以为天明，即寻光行至城门下。佛神力故，门自开辟，寻路而往，见佛在外经行。须达多一见，踊跃欢喜，不知礼法。时首陀天，化作四人，至世尊前，接足礼拜，胡跪问讯，右绕三匝，却住一面。须达多依而行之。佛为说法，即证初果。乃请佛言："惟愿临顾舍卫，受我微供。"佛言："可有精舍，能容我众否？"答曰："如见垂顾，便当营办。"佛受请已，即派舍利弗尊者，同往舍卫，指授处所。惟太子之园，可容佛僧。于是须达多，躬诣太子，议买其园。太子

（图4 祇树给孤独园遗址中的菩提树）

戏曰："能以金砖布满其地，即卖与卿。"须达多即出金藏，为砖布地，太子感发，欲与共成功德，须达多不允。太子曰："金砖布满，园则属卿，树根金砖铺不到，应当属我。"故曰祇树给孤独园，并标美名，共垂千古（图3 祇树给孤独园遗址；图4 祇树给孤独园遗址中的菩提树）。

千二百五十人俱：佛悟道后，初度桥陈如五比丘。次度优楼频螺迦叶，其师徒五百人，皆依佛为师。其弟伽耶迦叶，那提迦叶，师徒各二百五十人，亦皆受度。又度舍利弗、目犍连，师徒各一百人。再加上耶舍长者、同学五十人，合计一千二百五十五人。

世尊：是佛的另一称号。

乞食：修行者出门乞食只依次乞7家。如果乞完7家都没有给，今天就不能吃饭了。如果到第一家就给足了，也不再行乞下去。乞完后不可马上食用，需回住处再用膳食。乞食穿的与讲法穿的衣服是不一样的。所以在吃过饭后要把乞食穿的衣服收起来，然后洗了脚，铺好座位，坐了下来。印度天热，光脚走路，回来要洗洗脚。

【译文】

我当时是如此听到的。佛说此经时，是在舍卫国祇树给孤独园与一千二百五十位弟子共同在一起。到了吃饭的时候，世尊与弟子们穿上袈裟，拿着用来剩饭的钵，走进舍卫大城乞食。在城中依法乞食完毕后，回到原处食用斋饭。佛用过斋饭后，将衣钵收拾干净，洗净了脚，然后铺好座位，坐了下来。

第二品　善现启请分

【原文】

时长老须菩提，在大众中即从座起，偏袒右肩，右膝着地，合掌恭敬而白佛言："希有！世尊！如来善护念诸菩萨，善付嘱诸菩萨。世尊！善男子、善女人，发阿耨多罗三藐三菩提心，云何应住，云何降伏其心？"

佛言："善哉！善哉！须菩提！如汝所说，如来善护念诸菩萨，善付嘱诸菩萨。汝今谛听！当为汝说：善男子、善女人，发阿耨多罗三藐三菩提心，应如是住，如是降伏其心。"

"唯然，世尊！愿乐欲闻。"

【讲解】

须菩提：又叫善现。是佛的十大弟子之一。被称为解空第一。是给孤独长者须达多的弟弟。金刚经是佛祖与须菩提的对话记录。

如来：金刚经中对如来的定义是："如来者，无所从来，亦无所去，故名如来。"意思是，一切都是心生幻象，幻象中有来有去、有生有灭，生出幻象的"心"不在生灭来去之中，即称其为"如来"。

佛经中又有“乘真如之道而来”的说法。什么叫作真如？真如就是一切法、一切事物的真实状况。世界、人生的真实状况就是“绝对真理”。绝对真理是实相无相。能够悟到实相就成佛了。因此又称悟道的“佛”为“如来”。例如释迦牟尼佛又被称为释迦牟尼如来，阿弥陀佛被称为阿弥陀如来。此处“如来善护念诸菩萨”是专指佛祖释迦牟尼而言。

善护念、善付嘱：比如说，你教育孩子，孩子很淘气。作为父母，你无论怎么教育也是管教不过来的。例如，你让他往东，他就是往西。你让他坐好，他就是动来动去。所以对于孩子的管教要善于运用各种糖果和家法结合起来教导，让其树立起正确的信念。相对于佛法来说，佛祖也是善于施设法相教导众生秉持正确的求道信念，“糖果”与“家法”就是三藏。所以善护念、善付嘱即是善于教导、嘱咐之意。这句话也是对佛祖深妙佛法的赞美之词。

阿耨多罗三藐三菩提心：阿耨多罗译为无上，三藐译为正等，三菩提译为正觉，阿耨多罗三藐三菩提译为无上正等正觉。什么是无上？无上就是没有比这个智慧更高的了。一般的智慧属于世俗智慧，佛法的最高智慧是超越一切世间知识和理论的认识，因此就被称为无上智慧。因为是超越一切世间的认识，所以翻译经典时保留了音译“阿耨多罗三藐三菩提”，解说时勉强译为智慧。这个无上的智慧是什么呢？

用个比喻来说，例如你做了一个梦。在梦境中你会对各种事物产生认识和理解，但是最大的智慧是认识到一切的知识和理解都只是一个“幻境”。因此悟到世界、人生是个“幻象”，就是超越一切世间知识理论的“无上智慧”！

“心”是指求这个智慧的心。当然因为本心如如不动，所以这个心指的是妄心。从实相上说，妄心即真心。

云何应住：住是保持、秉持的意思。打个比方，如果你到大街上给一位路人一百元钱，路人会问：你安的什么心啊？此处的“住”就是安和秉持的意思。云何应住就是应该秉持什么样的求道信念。

云何降伏其心：此处降服其心的心是指妄心而说。降服的是烦恼心、贪欲心。本心是如如不动的，是没有降服之说的。当然真心即妄心。为什么呢？

在佛法实相上，真心即妄心。不分别就是一，一分别就是二。为什么呢？这是一个非逻辑性的问题，用个比喻你就明白了。

假设你做了一个梦，那么创造出梦境的与感知着梦境中一切景象的是同一个“心”。同样道理，如果这个世界是幻象的话，那么创造出世界存在的心与正在感知着这个世界的心就是同一个“心”。这就像是，你在梦里说真、说妄都是“妄”，当你用现在这个心去分别什么是真心、什么是妄心时，就标记出一个妄心和真心，这时分别出的真心、妄心皆是“妄想心”，这时是“知见立知，即无明本”。如果你悟到当下即是真心，就不会再去分别真心或妄心，这就是“知见无见，斯即涅槃，无漏真净”。所以不分别，真心即妄心；一分别，就妄想出一个妄心、真心。所以为了让人悟到实相，可以先说真心、妄心是“二”，然后再理解真心、妄心是“一”，最后理解真心妄心是“不一不异”的。不一不异是让你离一切分别悟到实相无相。记住：离一切相，即一切法。离一切诸相，即名诸佛。

汝今谛听！当为汝说：你认真听好，我来为你解说。

愿乐欲闻：乐发音yào。佛祖要讲法了，我们都非常愿意听您说。大乘佛法，小乘人听了会惊恐，大乘人听了会欢喜。此法为大乘者说。为破一切法相，要把以前施设的方便度人的法相全部推翻。为什么要推翻？因为要想悟到实相无相，就要破除一切法执！

【译文】

须菩提在大众中起身十分敬重向佛行礼赞叹说：“稀有世尊！您善尽保护、嘱咐、教导菩萨们的信念。对那些还未成佛的菩萨们，当他们要想求离苦得乐的最高觉悟时，应该秉持什么样的求道信念，又怎么才能降服烦恼心呢！”

佛说：“求无上正等正觉，应该秉持这样的信念，应该这样降服烦恼心。你仔细听好，我为你解说！”

须菩提说："我非常愿意听您讲说！"

【精义】

这一品须菩提问：一个要想成就最高觉悟、彻底解脱生死的求道者，应该秉持什么样的求道信念？又怎样才能降伏烦恼心？

第三品　大乘正宗分

【原文】

佛告须菩提："诸菩萨摩诃萨应如是降伏其心！所有一切众生之类：若卵生、若胎生、若湿生、若化生；若有色、若无色；若有想、若无想、若非有想非无想，我皆令入无余涅槃而灭度之。如是灭度无量无数无边众生，实无众生得灭度者。何以故？须菩提！若菩萨有我相、人相、众生相、寿者相，即非菩萨。"

【讲解】

诸菩萨摩诃萨：菩萨意译为觉悟有情。是指觉悟人生意义之意。就像对中学生的称谓一样，菩萨也是一个名相。任何一个人只要发善心学佛就都可以称为菩萨。摩诃萨，按照学习的程度，是指高等级的菩萨，即求大乘佛法的修道者，如同是大学生。

若卵生、若胎生、若湿生、若化生；若有色、若无色；若有想、若无想、若非有想非无想：这是佛祖对众生做的一个分类。意思是说，一切世间众生。

令入：引导进入。

涅槃：古语为寂灭。不生为涅，不死为槃。涅槃的意思就是不生不灭。有余涅槃就是有所遗留，不彻底。进入到有修有证的不生不灭的境界就叫作有余涅槃。无余涅槃是指进入到彻底究竟的不生不灭境界。那么到底有余与无余的区别是什么呢？

下面用一个比喻说明。（点燃一根蜡烛）例如，这是火苗，你看，我捏一下火苗，火苗就灭了，火苗没了，不生了。**有余涅槃就是有可修有可证的有个寂灭境界。**

什么是无余涅槃？同样是这个火苗，如果你捏一下眼睛，就会看到蜡烛旁边出现一个蜡烛的影子。这个影子在虚空中不是真实存在的，它只是因为你捏了自己的眼睛而在你的心中生起来的假象。

在佛经中，佛祖经常将世界的幻象存在比喻为“病眼见空花”（或者说捏目成华），其中空花就是指这样产生的幻象。说“涅槃生死等空花”的意思是说涅槃生死都如同是病眼见虚空中生起的花朵一样，不是真实存在的。所以无余涅槃就是认识到世界中的一切所有（涅槃生死）都如同是虚空中出现的蜡烛影一样，是心生出的幻象。因为一切本空，所以没有一个真实的涅槃可入，也没有一个生死可断。认识到世界一切都是心生幻象就是入无余涅槃。当然，这里说的“世界一切”包括山河虚空大地、自己的生死、他人的生死（他人也是你的梦中物），等等。

因此有佛可修、有道可悟，就是有余涅槃。无佛可成，无道可修，悟到一切世界所有皆是“捏目成华”，就入无余涅槃。

非常清楚地说，病眼见到的幻花（图5 蜡烛影子）本来就没有在虚空中真实的生起，既然没有真实生起，当然也不会出现真实灭失的现象。为什么呢？因为一切皆是眼生，眼生即是心生，所以无余涅槃不是进入到可以修证和可以进入的一个境界中，而是证悟到一切皆是心生幻象！因此，当你悟到一切皆是心生幻象，当下就是无余涅槃，你现在就在无余涅槃中，只是你不知道而已。当用禅定体证到这一点时，就是证悟成佛！

（图5 蜡烛影子）

如是灭度无量无数无边众生，实无众生得灭度者：灭度的意思是让众生离苦得乐。比如说，如何做一个好人呢？或者说什么叫作好人？一个小学生打扫完教室，然后他告诉了老师。老师说："要做好事不留名，才是真正的好学生！"同样道理，什么叫作真菩萨？如果度了好多人，心里认为度了好多人，就不是真菩萨。为什么呢？因为一切众生世间都是虚妄不实的，根本就不存在一个被你度了的人。如果你想在虚妄中得到一个实有的回报，是在空花求空果。真正的回报是解脱一切世间烦恼苦和生死苦。所以，一执着就是相上的事了。相上的事本身就是在因果中。第一义的因果不在相上的分别中。为什么呢?

下面用量子佛学说明一下:在量子力学的双缝实验中,如果你同时向双缝发射一万个光子,就会在后面的检测屏上看到一幅干涉条纹的图案。这说明所有的光子都是以波的方式穿过双缝的。但是当你以相隔一秒钟一个光子的方式连续发射一万个光子后,你竟然会看到与同时发生一万个光子所得到的一模一样的干涉条纹图案,这就让人感到匪夷所思了。

为什么呢?因为干涉条纹的出现只能让你接受如下不可理解的事情:虽然光子是在相隔一秒钟发射出去的,但是每一个光子都必须突破一切时间、空间相互联系在一起,最终才能形成像同时出发一样的结果——干涉条纹。如果这样,你就得接受这样一种认识:在发射出去的一万个光子中,其中任何一个光子在出发时都知道其他每一个光子会去哪里,自己必须要去哪里。

就是说,在第一个光子出发时,其后连续出发的9999个光子到底要去哪里都是在第一个光子出发时就已经被决定了的。因为我们的身体以及整个世间万物都是由光子电子等基本粒子组成的,所以这就如同是说,在你所存在的世界中,所有因果事件的发生发展,在第一个事件发生时,所有将要发生的事情都被决定了,没有任何人可以改变它。例如,在你出生的那一刻,你的一生所有的一切命运就被决定了。

好了,现在要问一个问题,如果没有一个人去观察的话,会怎么样？答案是：所有的一万个光子是永远不会崩溃为粒子的，光子们永远会以扩散着的波的方式在宇宙空间中扩散着，也不会共同组合成干涉条纹。所以不是光子自己会决定自己的历史和未来，而是你去看了一眼，则一切都被固定了。就是说，光子到底是以波的方式还是以粒子的方式呈现给你，关键取决于你以何种方式去看它。所以，**一切是如何被固定的，不是光子自己做出的，本质上还是由你来决定的。因此命运不是固定的，你的心就是命运。**什么是因果？如果你去分别什么是因果，这种分别本身就在“因果中”。如果你不去分别什么是因果而一念相信因果，此刻你就正在创造着因果。

因此时间与空间是不存在的，真正的因果就是你现在创造出来的。你的发心是至善的，不去求至善的果，那么你就在至善的因果中了。你一去分别因果，就困在因果中了。

同样道理，如果你发了一个“度尽一切众生”的心，试图求个果报，这就是分别妄想。这种分别就像是在虚空中无法求到实有的果实一样，一切了无所得。这时就是“如人入暗，即无所见”。而当你以无求回报的方式发心度众生，这时因为本质上无众生可度，一切唯心之事，所以你就会得到真正无量福德和无量功德！这时就是“如人有目，日光明照，见种种色”。

因此真正的因果是离于一切妄念分别的。有分别的都是妄心，当下不分别，此刻就是真心。所谓真心即妄心，真心不在妄心的分别之中，恰恰是真心正在做着什么是妄心、什么是真心的分别。

从量子佛学角度说，是意识创造出了因果。这个因果穿越了一切时间、空间发生着。因为有了你，才有了时间、空间。所以第一义上的因果，是不可说的。说出来的都是度人的因果。例如一个人被石头绊倒了，磕破了头，某法师为方便度人说：“这是因为上辈子你将一头羊的头给打破了，所以今世这头羊化做一块石头给了你一个报应。”这只是一个因果说法！一般人们认为的因果是依据时间、空间的存在而发生的，实际上时间、空间都是被你“看”出来的——你现在既在创造着未来，同时也在创造着过去，依据时间空间得以发生的因果就在此时此刻你的心中！因此你认为度了众生，实际上没有众生被你度，众生都是你的梦中物。度众生就是度自己。这是佛法第一实相义！

我相、人相、众生相、寿者相：相，指一切有形有相的东西或事物。我相：我有个相；人相：有个他人相；众生相：我们都叫众生；寿者相：是指时间相。我相、人相、众生相、寿者相是指十方三世一切所有事物。如果有个存在都叫作有相。为什么呢？假如你做了一个梦，在梦境中，我们现场的这些人都是你的梦中象。梦里的我相、人相、众生相、寿者相（时间）都是假象，因为一切都是你的梦象。在梦里度众生，实则是无众生可度。度众生的目的是要降服烦恼心。度众生就是度自己。人只能自悟自得，自度自得。所谓迷者师度，悟者自度。凡是心里还有个相，就还在执虚幻为实有，即还没有真悟。

【译文】

佛祖对须菩提说："所有一切众生应该这样降服烦恼心：首先要发心将一切众生度入到离苦得乐的无余涅槃中。虽然度尽了一切众生，但是却没有一个众生被其所度。为什么呢？因为众生都是幻象。如果菩萨心中认为自己度了众生，他就还有我相、人相、众生相、寿者相。既然有相，他就还在执虚幻为实有，还在心外求法，就还不是菩萨！"

换句话说，如果一个人认为他在梦中度了一个实有的众生，他就还没有真正认识到世界是个梦境。同样道理，如果一个菩萨认为有一个实有的众生被其所度，就背离了佛法实相义，就不能称为修证大乘佛法的大菩萨。

【精义】

佛说：如何降服烦恼心呢？

第一，要发心将世界上一切众生度入到最彻底的离苦得乐境界中。这是降服烦恼心的方法。

第二，当你度尽一切众生后，实际上没有一个众生被你所度。为什么呢？因为众生都是你的心生幻象，都是梦中象。因此没有任何一个实有的众生被你所度。如果你认为有一个实有的众生被你所度的话，那么你还是执着在心外有物上，还是执着在有我、有人、有众生、有时间和有空间的存在上，还是在执虚幻为实有，就还不是菩萨。

本品是说，要以无相、离一切相的方式度众生才叫真菩萨。如果以有相的方式度众生即非菩萨。有相是指执虚幻为实有，执着于有我、有众生。有我有众生就有贪欲和妄求。无相是指认识到一切皆是心生幻相。只有以无相的方式度众生，才能降伏烦恼心。为什么呢？

因为如果执着外在世界为实有上度众生，就会每天生活在贪欲妄求回报和恐惧生死的烦恼中。如果能够认识到外在没有实有的众生，众生的因果也非实有，就认识到了外在众生的因果就是自己梦象中的因果，也就是自己的因果。度众生就是度自己，度众生离苦得乐就是在度自己离苦得乐。这样就降服了一切烦恼，解脱了一切苦，活在大自在之中了。

你想求道吗？我告诉你，你天天只做好事，不做坏事，不求回报地行一切善就是求正道！真相信就是真修道。一分别就离了一切道！

本品最重要。如果能够照实去做，后面的内容就不需要讲了。**为什么呢？因为学佛只是对“一切皆是自己的心创造出来的幻象，一切都是自己创造出来的因果”这件事的不断加深相信，直至最终证悟相信。这一品就是告诉你，要以离一切相的方式行一切善，就会解脱一切苦，获得大自在，这就是最高的智慧。**

第四品　妙行无住分

【原文】

“复次，须菩提！菩萨于法，应无所住行于布施，所谓不住色布施，不住声香味触法布施。须菩提！菩萨应如是布施，不住于相。何以故？若菩萨不住相布施，其福德不可思量。须菩提！于意云何？东方虚空可思量不？”“不也，世尊！”“须菩提！南西北方四维上下虚空可思量不？”“不也，世尊！”“须菩提！菩萨无住相布施，福德亦复如是不可思量。须菩提！菩萨但应如所教住。”

【讲解】

菩萨于法：菩萨在修证佛法过程中。

应无所住：前文的住（云何应住）是秉持之意。此处的住是指执着布施为实有，求相上的回报。

布施：通俗地说，就是对别人好。包括财布施、法布施、无畏布施（消除他人的困苦）。应无所住行于布施就是应以不执虚幻为实有、不妄求相上回报的方式行布施。

不住于相：相，指一切世间所有。这句话是说不贪执妄求在实有的回报上。

若菩萨不住相布施，其福德不可思量：为什么不住相布施其福德不可思量呢？首先福德是指有形有相有限度的财物、衣食、家庭事业、聪明才智等。例如多子多福、家庭美满、金钱财富、身体健康，等等。虽然这些是福德，但是这样的福德再大也是生灭的、无常的和有限度的，最终都有用尽灭失之时。

如何让福德无量呢？用个比喻说，如果有人给你金钱，给你多少才叫多呢？实际上无论多少都不叫多，再多终有用尽之时。假设有人送给你一个聚宝盆，这就取之不尽，用之不竭了。

同样道理，修福德修的是心生之物。物是有相的，有相的就有生灭。修功德修的是生出福德的心。心是无量无边的。所以修心修出来的福德是无量无边的！如何修心呢？简单的就是“诸恶莫作，众善奉行”，不以希求心布施——不住相布施。复杂的就是修戒定慧，证悟实相，则大圆满！大解脱！

因此住相布施，是修相上的福德，得到的福德是有限量的；不住相布施，是修生出福德的心，一切唯心所现，心生出的福德是不可思量的。

【译文】

佛祖说：（求证最高觉悟应该秉持什么样的信念呢？）其次，须菩提！菩萨在修证佛法过程中，应该以不贪求相上回报的方式帮助一切众生离苦得乐！包括物质上的回报及精神上的回报。凡是菩萨都应该这样去布施：以不希求任何回报的方式去布施！为什么呢？因为只有以不执求回报的方式布施，其福德才是无量无边的。无量无边的福德到底有多大呢？就如同广大无边的虚空一样无法思量！凡是菩萨都应该秉持这样的信念！

【精义】

真正的福德不是外界世界能给你的。所有的福德都是现象上的，即相上的。相上的福德都是虚幻不实的，都是生灭的，真正的福德是心上的。只有心上有福德，事上相上才能有福德。如果仅仅是事相上的福德是无法给人带来真正解脱和快乐的。例如，即便多子多财者同样会经历忧虑、困苦，甚至自杀。所以一切都是心的事情，不住相布施就是修心，心上的福德是无量无边的！

第五品　如理实见分

【原文】

“须菩提！于意云何？可以身相见如来不？”“不也，世尊！不可以身相得见如来。何以故？如来所说身相，即非身相。”佛告须菩提：“凡所有相，皆是虚妄。若见诸相非相，即见如来。”

【讲解】

身相：指佛具有的三十二相和八十种好。在佛的色身具有的殊胜容貌形象中显著易见的有三十二种，称为三十二相。微细隐秘难见的有八十种，称为八十种好。两者亦合称相好。转轮圣王也能具足三十二相，而八十种好则唯佛具足。

诸相：指一切世界现象及一切法相。佛为度众生在49年弘法中应机开演出了八万四千法门，每一法门中都含有诸多法相。例如《法集经》中说的“六通、三明、八解脱、八胜处、十一切入、十自在、十谛、三摩拔提、十力、十智”，等等，都是法相。佛说六百卷大般若经，都是在以法相度人。

于意云何？可以身相见如来不：金刚经是破一切法相的经，是六百卷大般若经的精华总结。佛祖在以前讲法中说过佛有三十二相和八十种好，这些说法都是在以相度人，这些说法都是法相。身相是在方便法中假立妄生。

不可以身相得见如来：身相是变化的，在身相中是不可以见到如如不动的如来的。佛不在相上求，认识到诸相非相才叫作佛。为什么？下面用个比喻说明一下。

例如，在游戏画面中的一个人是否可以认识到她所存在的世界是幻象呢？答案是不可能。因为所有的认知活动都是一种游戏现象，其本身就在幻象中。以此为喻，虽然在游戏中的人是无法认识到游戏世界是幻象的，但是在我们所存在的这个世界中，凡是认识到这个世界是幻象的人就是佛。所以在幻象中求佛是求不到的。佛也不是在幻象中修出来的。佛是以非逻辑的方式认识出来的。

【译文】

佛祖说："须菩提，你是怎么认为的？可以通过一个人的相貌认识到佛吗？"

须菩提答："不可以。不可以根据一个人的相貌判断他是否得到了最高觉悟。您平时所说的一切相好，都是为度人假立出的名相，都不是真实的！"

佛对须菩提说："如果认识到世间一切现象，包括三十二相、八十种好、六神通、八解脱等诸法相都是幻象，你就证悟到了实相，由此你就得到最高觉悟，成佛了！”

【精义】

虽然法相很难破，但是人人皆可成佛。只要你有勇气、敢承担，破一切法相，直达实相，就会彻悟成佛！

【问答录】

同学问：在电脑游戏现象中的人没有认识到他所存在的世界是幻象的可能性，但是为什么我们却可以有这种认识？

高老师：电脑游戏现象只是一个比喻，即拿我们所存在世界中的一个事物所做的比喻。我们证悟到实相是通过禅定体证到的。虽然禅定也是“梦中象”，但是我们所存在的世界是可以通过禅定证悟实相的。而在“用来比喻的电脑游戏现象中”是不能的。这就像，我们用梦境的“幻”来比喻我们所存在世界的幻象性，然而这只是一种比喻，实际上，我们所存在世界的“幻”是离一切比喻的。

同学问：如何理解如来藏？

高老师：如来藏指含藏一切万有的那个本体。如来藏又叫作阿赖耶识、藏识、真如、本心，等等。对这个本体，佛祖在不同的经典中用了不同的比喻（喻体）来说明一切都是由它生出来的。这个“它”不是遥不可及的。“它”就是此时此刻你用来知觉这个世界的“这个”！

同学问：体证三法印（无常、无我、涅槃）与思证有何区别?

高老师：你这个问题实际是在问证悟与理悟的区别。证悟是通过禅定实践证明了它。理悟只是不迷惑，知道了该去哪里，以及如何去。“凡所有相，皆是虚妄，若见诸相非相，即见如来”，佛祖把这个事告诉了须菩提，也就是佛修证到的境界就是如此，让须菩提照这个去做。证悟之前都可以认为是一种在道理上的相信，证悟后就是体证上的相信了。证悟前会退转，证悟后不会退转。这种不会退转就像是一个人品尝到苹果的酸甜滋味后，就不会退回到品尝之前的状态一样。

同学问：如何理解烦恼习气?

高老师：做坏事就是烦恼习气。诸恶莫作，众善奉行就是在消除烦恼习气。认识到诸相非相，是要你不贪执在幻象上的事，而不是一切都不在乎了。就是说，认识到幻，破除相的目的是为了解除幻象的束缚和捆绑，积极创造美好的生活。

离一切方便法，离于一切权教，即是成佛。金刚经所讲只谈如何成佛。一切法都是佛祖因为要度一切众生而假立方便出来的。破一切法相才可以见到佛。而一般人们学佛往往都是先学了一堆法相，学习法相是好的，不同的法相度不同阶段的众生，但要成佛最终必须舍一切法相，悟到实相无相。舍一切法相又是很难的，要有悬崖撒手的勇气。要想发现真实，就要有探求真实的魄力和勇气。

同学问：南传佛教佛法与汉传大乘佛教佛法有什么差异?

高老师：源自不同的法相度不同地域的众生。破法相不是说法相是错的。法相不是随便破的，法相是度人的。破法相是为了破法执。有一丝相就有一丝执，有一丝执就一丝缠缚，有一丝缠缚就没有彻底解脱。如《华严经》中说“无生忍者，不见有少法生”，因此破一切相的目的是为了“不见有少法生”，最终获得大自在，彻悟成佛!

第六品　正信希有分

【原文】

须菩提白佛言："世尊！颇有众生，得闻如是言说章句，生实信不？"佛告须菩提："莫作是说。如来灭后，后五百岁，有持戒修福者，于此章句能生信心，以此为实，当知是人不于一佛二佛三四五佛而种善根，已于无量千万佛所种诸善根，闻是章句，乃至一念生净信者，须菩提！如来悉知悉见，是诸众生得如是无量福德。何以故？是诸众生无复我相、人相、众生相、寿者相；无法相，亦无非法相。何以故？是诸众生若心取相，即为著我人众生寿者。若取法相，即著我人众生寿者。何以故？若取非法相，即著我人众生寿者，是故不应取法，不应取非法。以是义故，如来常说：'汝等比丘，知我说法，如筏喻者；法尚应舍，何况非法。'"

【讲解】

颇有众生，得闻如是言说章句，生实信不：佛祖为了能够广度众生，在几十年弘法中立出了八万四千法门，其中有八万四千种法相，今天为了让人们悟到实相，自己把桌子掀翻了，法相全被破光了，众生听了能升起信心吗？

一念生净信：指没有一丝一毫怀疑的相信。

无我相：即认识到“我”的肉身及思想非实有。从量子佛学角度讲，任何一个人都是由原子组成的。脑中的思想本质上只是在原子、分子的相对运动中产生的。波粒二象性证明：宇宙中任何一个原子在你意识到它之前，它都是不存在的——以波的方式存在着。因此任何一个人本质上在意识之外都是不存在的。因为你的大脑及整个人体都是由原子组成的，所以，让世界上的一切所有瞬间崩溃为“存在”的意识不在你的身体及大脑中。意识在哪里呢？答案是：因为一切都是意识创造出来的，意识不在它所创造出来的一切之中，所以意识哪里都不在。理解到这点就是“无我”。既然“我”不存在，那么他人、众生也就都不存在了。

亦无非法相：例如，谈到南传佛教、藏传佛教的度人法，这些法存不存在？如果没有了法相，又拿什么去度人呢？因为是幻有，才既不执着其有，也不执着其无。所以能够度人的法相是需要的。例如念佛、念咒、手印、布施、持戒等都是第一度人法。悟是去悟一切相都是心生幻有，不是悟一切相都没有。

无寿者相：寿者相指时间。**时间是因为物质的运动而产生的，物质的存在是因意识的存在而存在的，所以时间也是心生幻象。**

若取非法相，即著我人众生寿者：如果认为一切法相都没有，其前提就必须存在一个“主体”在认为一切都没有。所以如果认为一切法相都没有，本质上还是执着在有一个“我相”在认为一切都没有。佛法的实相是“无主体”（如同在梦境中没有一个非梦的主体存在一样），但是记住：**这个“无”不是指彻底的没有，而是指本体不在它所创造出的物象之中的意思。**

不应取法：是指包括六神通、三十二相、八十种好、八解脱等度人法，都不应该执着其为实有。

不应取非法：也不应该认为没有一切法相。因为法相为度人而设，是幻有的。虽然是幻有，但不是没有。悟道者会立一切法相度人，但他不会让学生执着在法相上。正如经末佛祖警示说：“云何为人演说，不取于相，如如不动。”如果执着法相而不放，就会死于言下。法相要随立随破。法因度人而有，因要悟道而破。

知我说法，如筏喻者。法尚应舍，何况非法：佛所说法，如渡河之船，过了河即应舍弃一切法相。但是如果认为彻底的没有船，也是错误的。

【译文】

须菩提问：“世尊！未来众生听到您这样说是否能够有人相信呢？”

佛祖说：“不要这样说。未来一定会有听到这些章句第一念就生起信心的众生，相信我说的是真实的。这样的人不仅仅是在一个、两个、三四五个佛那里种下了善根，而是在无数的佛那里都种了善根，所以才能够听到这些章句一念就生起信心。这样的事情我都知道，这样的人会得到无量福德。

为什么呢？

因为这样的人已经认识我相人相众生相寿者相都是心生幻象。同时他也认识到一切法相都是假立的度人方便说法，这样的法相也是需要存在的。

为什么呢？

因为如果心里认为世界是实有的，他就还是在认为我相人相众生相寿者相是实有的。如果认为一切法相是实有的，也还是在认为我相人相众生相寿者相是实有的。

为什么呢？

如果认为世界及一切法相都是空无所有的，他就还是在执着地有个“我”在“认为”，这样他就还有我相。既然还有我相，就还有人相众生相寿者相。

因此不应该执着一切法相是实有的，也不应认为一切法相是不需要存在的。根据这个道理，我经常对比丘们说，我所说的佛法就好像是渡河的船，过了河后应该舍弃船。因此连法相都应该舍弃，更何况说‘无法相’这回事呢！”所谓

“执有成病，执空亦然”。

【精义】

信佛容易悟道难。难在何处？佛祖为应机度众生，在八万四千法门中假立出八万四千种法相。每一种法相都是度人的船。八万四千种船最终都要汇入不二门——实相门。实相中无我、无众生、无时空、无菩萨、无佛、无道。“无”的意思不是没有，而是一切皆无自性自体，一切皆由本心自性所“生”。实相门破一切方便门，破一切法相。因为一切法相皆是心生，所以证悟一切皆是心生幻象即是悟道成佛。

【问答录】

同学问：怀让对马祖道一说“磨砖不能成镜，坐禅岂能成佛”，请问，怀让的话如果是对的，那么禅定是不是不能让人悟道呢？

高老师：马祖当年坐禅的禅法不是佛祖所讲的禅定，如果是佛所说的禅定，佛法就不成立了，因为佛祖释迦牟尼是用禅定证悟成佛的。真正的禅定是佛祖在《圆觉经》里讲到的“知幻即离，不做方便；离幻即觉，亦无渐次”。禅定真正修的是心，而不是某个人说的度人禅法。如果修一些佛经以外的禅法，那是在刻舟求剑。因为时过境迁，这些法相只是当时为度人而说的应机说法。

一般人认为没有妄念叫禅定，如果去找一个没有妄念的状态是不对的，清楚着妄念就叫作没有妄念。清楚着就叫入定着。另外，妄念不单指念头或想法，例如你听到的声音、看到的景物、觉知到的一切身体感觉等都属于妄念。你时时刻刻都在妄念中。没有妄念是指清楚着妄念，而不是指心造作出的一个无念状态。

同学问：生活中如何应用佛法？禅定是否可以代替睡眠？ 睡眠中可否禅定？

高老师："诸恶莫作，众善奉行"就是对佛法的最好应用。禅定代替不了睡眠。禅定是禅定，睡眠是睡眠。禅定是要清清楚楚，制心一处。因此禅定必须要在十分清醒状态下进行。

同学问：什么叫作没有妄念的状态？

高老师：清楚着妄念就叫没有妄念的状态。凡是不符合制心一处的方法都不是禅定，只能说是度人的禅修方法。认为自己进入到了无念的空的状态，或者去找一个没有妄念的状态，都只是在眼耳鼻舌身意中立出一个没有妄念状态的感觉而已。凡是立出一个"空"，都是"自心取自心，非幻成幻法"出来的幻觉！

同学问：如何看待慧眼？

高老师：例如说一个人有远见，不是说他的眼睛看得远，而是说他的认识很深远。同样，慧眼不是指一种“眼睛”，而是指“智慧之眼”。佛为什么有慧眼？因为佛以如如不动的实相境界，为度一切众生，开演出一切智慧法门。分别执着有个“眼”，就是众生。

同学问：什么是佛法？什么叫作禅定？

高老师：在离四相基础上，一切让人离苦得乐的方法都叫作佛法。能够制心一处就叫作禅定。

同学问：人死了，去哪里了？

高老师：没有死这回事。创造出“能死、会死”的那个“心”不在身体里，不在你的大脑里，因此它是不会随着你身体的消亡分散而“死”去的。你现在问死后去了哪里，就如同是你在一个梦里说另一个梦里的事，无论怎么说都是第一个梦境里的“梦中事”一样，这是没有答案的。

第七品　无得无说分

【原文】

“须菩提！于意云何？如来得阿耨多罗三藐三菩提耶？如来有所说法耶？”须菩提言：“如我解佛所说义，无有定法名阿耨多罗三藐三菩提，亦无有定法如来可说。何以故？如来所说法，皆不可取、不可说，非法、非非法。所以者何？一切贤圣，皆以无为法而有差别。”

【讲解】

无有定法名阿耨多罗三藐三菩提，亦无有定法如来可说：没有一个实有的相上的无上正等正觉法的存在。这就像是有人骑车、有人骑驴、有人步行到达山顶一样，也没有一个固定方法一定会让人得到无上正等正觉，所有的法都是因人因机施设出来的。

如来所说法，皆不可取，不可说：不可取是指不可执取哪个方法一定会将一个人带到山顶。不可说是指不可执着任何一个法是实有的。一切法都是比喻言说，都是铜盘和蜡烛。例如佛经中记载：“世尊临入涅槃，文殊大士请佛再转法轮。世尊咄曰：文殊！吾四十九年住世，未曾说一字，汝请吾再转法轮，是吾曾转法轮耶？”佛祖这样说的目的是怕众生困于法执之中。法因人而有，当时有，毕竟空。说了个无所说是真说。有所说即有所执，执于我执和法执。

非法、非非法：不要执着法有，也不要执着法无。一切法都是度人的船。佛说一切皆空，是说一切都是心生幻象，而不是说一切都彻底的没有。

无为法：有为就是有所固定。无为就是不固定。为什么圣贤会以不固定的法度人呢？因为圣贤在度人过程中所面对的机缘是不同的，所以圣贤会因机因材施法，这就最终导致圣贤之间的度人法是有差别的。即便佛祖也说了八万四千种法门。所以无为法就是以应机度人为目的，不固定于某一法度人！

【译文】

佛祖说：“须菩提，你是怎么认为的？我得到了一个叫作无上正等正觉的法了吗？我是否说了佛法呢？”

须菩提答：“按照我的理解，没有一个实有相上的无上正等正觉法的存在，也没有一个固定的可以让人一定悟到无上正等正觉的方法被您所说。为什么呢？您所说的法都不可执着为固定的，也不可执着其是实有的。一切法都是幻象，佛法是在幻中说了一切皆幻的这么一个事，因此一切法都是假生妄立。但又不能说一切法彻底的没有。一切贤圣施设的教育法都有区别的原因是，他们都是以因人因机施设暂立的教法度人！

【精义】

佛祖问：我是否得到了一个最高境界？我是否说了可以得到最高境界的方法？

须菩提答：在幻象中没有一个实有的最高境界的存在。法都是因人因机而施设的，因此也没有一个固定的、一定的方法会让人觉悟到最高境界。

一切佛法都是为度人方便而假立出来的。佛说八万四千法门，是因为有八万四千种人和八万四千种机缘。对于能度一门之人的法，不能度另外一门中的人。所以佛法不固定某一法为“真法”，只有度人的法才是真法。因为门门皆度门门人，所以对于门门人来说，门门法皆是真法、皆是第一门。因此，一切法皆不可执取着相。

既不可执着法有，又不可执着法无。为什么呢？例如两个孩子哭了，师傅给一个孩子小汽车玩，另一个孩子不喜欢玩具，师傅就给他糖吃。小汽车与糖没有好坏之分，能度人的“玩具”就是好的。所以以度人为目的，根据对方慧根施设的让人解脱一切苦厄，悟到实相的佛法就是无为法。因此一切贤圣的法都是应机、应人、应方便施设出来的教育法！所有的教法在第一义上都是在以幻说“非幻”。用时暂有，用过即无！

第八品　依法出生分

【原文】

“须菩提！于意云何？若人满三千大千世界七宝以用布施，是人所得福德，宁为多不？”须菩提言：“甚多，世尊！何以故？是福德即非福德性，是故如来说福德多。”“若复有人，于此经中受持乃至四句偈等，为他人说，其福胜彼。何以故？须菩提！一切诸佛及诸佛阿耨多罗三藐三菩提法，皆从此经出。须菩提！所谓佛法者，即非佛法。”

【讲解】

四句偈：指佛法中由四句话组成的偈颂，四句话的字数多少不一定，但往往能涵盖一段佛法要义。因此随便拿出四句话都是大智慧，都可以让人离苦得乐！

如《妙法莲华经》法师品中说：“如是等类，咸于佛前，闻《妙法莲华经》一偈一句，乃至一念随喜者，我皆与授记，当得阿耨多罗三藐三菩提。”再如佛法中有“半偈亡躯，一句投火”之说，意思是菩萨求法心切，可为闻一言、一法而投身火坑。

三千大千世界：在《长阿含经》中记载：一千个小世界组成一个小千世界。一千个小千世界组成一个中千世界。一千个中千世界组成一个大千世界。因为这中间有三个千的倍数，所以大千世界又称为三千大千世界。一个小世界有多大呢？即以须弥山为中心，日月围绕须弥山运转，日月照临的四大洲（东胜神洲、西牛贺洲、南瞻部洲、北俱芦洲）为范围，名为一小世界。三千大千世界如同是一亿个地球那么多的世界，因此三千大千世界只是一个比喻，比喻世界之多！

是福德即非福德性，是故如来说福德多：是福德但不是福德的本性。福德的本性是什么？用个比喻说一下：电脑游戏中物象的本性是什么？答案是：游戏中的一切物象的本性都是因电脑而生。游戏中的物象无论再多都不能称为“多”，再多也只是在电脑中生出的一种幻象。同样道理，福德的本性不是财富名利上的。一切财富名利的本性都是心生的。因此相对于生出福德的心来说，财富名利上的福德永远是没有真正的“多”，即便是三千大千世界的财富名利的福德也是心生幻有，也不多。所以相上的福德有多少之说，生出福德的心是无量无边的。因此佛祖在相上说“多”的目的，是用来做对比说明，进而让人们相信修心（布施而不住于相）修出来的福德（自在解脱）是无量无边的。

一切诸佛及诸佛阿耨多罗三藐三菩提法，皆从此经出：这是一部让人悟道成佛的经，是一部让人破除一切法相的经，以及是一部让人解脱一切苦，获得大自在的经。

所谓佛法者，即非佛法：佛祖又彻底把一切佛法的相给破了。

【译文】

佛对须菩提说：“你是怎么认为的？如果有人用三千大千世界中的宝贝拿出来布施，他所得到的福德多吗？”

须菩提说：“多，太多了。为什么呢？因为这样的福德都是有相的福德，而不是福德的本性所在。福德的本性是一切福德都是心生幻有，没有多少之分。因此您在世间人们认为有相的福德上说，这样的布施其福德是多的。”

佛祖说：“如果有人能够将这部经，甚至仅仅将其中的四句话说给他人听，他所得到的福德要比之前的那个人所得到的福德还要多。为什么呢？因为一切证悟成佛者，以及一切诸佛所得到的无上正等正觉的方法都出自这部经所讲的义理。须菩提，所谓的佛法都是比喻言说。”

【精义】

为什么说受持本经所得到福德无量无边？

因为一切福德相的量都是心生的，本经是修心的经，心生出的福德是无量无边的，所以在修心上，哪怕是一句话，其所得到的福德都是无量无边的。例如有人坐拥数百亿资产和至高的社会地位，也会常常郁郁寡欢，甚至出现绝望自杀的情况，但是从来没有听说过某一个人因为听到了某一句解脱烦恼的智慧而自杀的。所以真正的福德不是财富名利物象上的福德，而是智慧上的、解脱上的福德。外在的财富等相上的福德，都是空花幻有，不是生命的意义所在。

第九品　一相无相分

【原文】

“须菩提！于意云何？须陀洹能作是念：‘我得须陀洹果’不？”须菩提言：“不也，世尊！何以故？须陀洹名为入流，而无所入，不入色声香味触法，是名须陀洹。”“须菩提！于意云何？斯陀含能作是念：‘我得斯陀含果’不？”须菩提言：“不也，世尊！何以故？斯陀含名一往来，而实无往来，是名斯陀含。”“须菩提！于意云何？阿那含能作是念：‘我得阿那含果’不？”须菩提言：“不也，世尊！何以故？阿那含名为不来，而实无不来，是故名阿那含。”

“须菩提！于意云何？阿罗汉能作是念：‘我得阿罗汉道’不？”须菩提言：“不也，世尊！何以故？实无有法名阿罗汉。世尊！若阿罗汉作是念：‘我得阿罗汉道’，即为著我人众生寿者。世尊！佛说我得无诤三昧，人中最为第一，是第一离欲阿罗汉。世尊！我不作是念：‘我是离欲阿罗汉。’世尊！我若作是念‘我得阿罗汉道’，世尊则不说须菩提是乐阿兰那行者！以须菩提实无所行，而名须菩提是乐阿兰那行。”

【讲解】

一果须陀洹：译为入流。初入圣人之流；死后七往来于人世。

二果斯陀含：译为一来。死后生到天上去做一世天人，再生来到人世一次，便不再来欲界受生死了。

三果阿那含：译为无还。不再生于欲界。

四果阿罗汉：译为无生。解脱生死，不受后有，为南传佛教的最高果位。

阿罗汉是小乘佛教的究竟果位。在大乘佛教中，最高果位是佛，然后是菩萨、阿罗汉。因此以上四果罗汉是佛祖在小乘佛法中为度人方便而施设出的法相。这就像今天对小学生、中学生、大学生的称谓一样。同样道理，有小学生、大学生的学位，但是没有小学生、大学生这“种”人。就像小学生、大学生都是人一样，每一个人，包括声闻众、四果罗汉、大菩萨本质上都是佛，差别只是在智慧层次上的。更清楚地说，小学生、中学生、大学生是对自然界知识获得多少量的差别，而声闻众、大菩萨、佛等是对实相无相认识深度的差别。

无诤三昧：“诤”指与人争论。三昧是指境界。整句话是说：“进入到了不与人争论的境界。”例如在《注维摩经》中僧肇说：“善吉于五百弟子中解空第一，常善顺法相，无违无诤。内既无诤，外亦善顺群心，令无诤讼，得此定名无诤三昧也。”

为什么无争是很高的境界？所谓是法平等，无有高下，能应机度人之法即是好法。因此进入无诤三昧已经是“无我相、无人相、无众生相、无寿者相”了。彻悟一切法唯心之事，能够应机应法度人了！凡有争论都是我执和法执未除！

离欲阿罗汉：离欲不是指离开饥渴等本能之欲，而是离一切执着贪欲，离一切执虚幻为实有的欲。

阿兰那行者：阿兰那，梵语意译为寂静处，行者即修道者。佛之所以印证须菩提是阿兰那行者是因为须菩提已经去除我执和法执，证悟到一切皆是心生幻象的佛法奥义了！

【译文】

佛祖问须菩提："一个修道成功者是否会认为自己得到了一个果位呢？"例如须陀洹果、斯陀含果、阿那含果、阿罗汉道等。

须菩提回答说："修道者，首先要'无我'。如果能够无我，又哪来的一个'我'得到了一个果位呢？例如，须陀洹果、斯陀含果、阿那含果、阿罗汉都只是标记出的一个名相。实际上没有这么一个'事'可得。如果阿罗汉认为自己得到了一个'阿罗汉道'，他就还有我执和法执，又怎么能称为阿罗汉呢？您说我得到了无诤三昧，是第一离欲阿罗汉——离一切执着贪欲及我法二执，如果我心中还在认为我得到了一个'道'，您就不会说我是去除二执，证悟无生无灭的修行者了。因为我已经证悟一切法相皆是"度人有"，一切法“无定法”，一切法“唯心所现”，所以您才说我是真正的证道修行者！”

【精义】

本段经文是破六百卷大般若经中佛为度众生而假立出的四果罗汉的法相。如果心中有相——执着其为实有，就还不能称为得了真正的道果。

【问答录】

同学问：如何辨别悟与没悟？

高老师：根本就没有某个人悟了或者没有悟。实相上只有你悟而没有我悟、他悟。如果你认为有个人悟了，那么你就还是有人相、众生相，你就还没有真悟。如果你认为你悟了，也还有我相、法相。因此悟了个无所悟是真悟。悟与没悟，都是幻中说幻，都是唯心之事。有所修、有所证都是假的。这段话包含着一个大秘密，能否透悟其中奥义，就看个人的因缘了。

为了度人，还是需要方便法的。实相法是无上法。遇到讲解实相法的老师很难，这要看机缘和你的灵通之智。人的思想是很难改变的，几乎所有的人都是很执着的。

第十品 庄严淨土分

【原文】

佛告须菩提："于意云何？如来昔在燃灯佛所，于法有所得不？"

"不也，世尊！如来在燃灯佛所，于法实无所得。""须菩提！于意云何？菩萨庄严佛土不？""不也，世尊！何以故？庄严佛土者，即非庄严，是名庄严。""是故须菩提！诸菩萨摩诃萨应如是生清净心，不应住色生心，不应住声香味触法生心，应无所住而生其心。须菩提！譬如有人，身如须弥山王，于意云何？是身为大不？"须菩提言："甚大，世尊！何以故？佛说非身，是名大身。"

（图6　燃灯佛授记图）

【讲解】

燃灯佛：也叫锭光佛，是释迦牟尼的授记本师。因其在世时身体周围通明，像点燃的灯火一般而得此名。据《瑞应本起经》记载："佛祖释迦牟尼在过去世曾是虔诚的善慧童子。当时他曾重金买下一枝稀罕的五茎莲花，供养给了燃灯佛。燃灯佛十分高兴，在欢悦之余，给了这位佛子（释迦牟尼的前身）授记，预言他将在九十一劫之后成佛，号释迦牟尼佛。" 现在佛祖将自己在燃灯佛那里"有所得"的相也给破了！破的目的是要你领悟"于法实无所得"，悟到一切唯心所现的如来真实义。

于法实无所得：一切佛法都是梦中事。一切经典，包括六百卷大般若经都是假立名相。真正的第一义佛法是一切法都无所得。认识到一切都是心生幻象，一切都无所得是"真得"、真解脱！

庄严：用善美之物装饰布置。布施供养、建造寺庙是相上的庄严。不向外求，心外无物，内心清净慈悲、无住布施是心上的庄严。因此不着相庄严，则庄严无外，心庄严则世界庄严。

无所住：住是指执着其为实有，贪求事相中事。无所住心即是不执着贪求在色声香味触法为实有的事相中。

清净心：只有无所住才能生出清净心。什么叫作无所住呢？不认为色声香味触法为实有，认识到一切都是心生幻象就叫作无所住。清净心就是以不执着外在世界为实有的方式度众生。如果不执求其实有的回报，那么度众生就是在度自己。成佛只能是自度自成。一执虚幻为实有，就迷于外物而陷入妄求物欲横流之中了。

诸恶莫作，众善奉行，则一切清净。以不执着外在世界为实有的基础上，不求回报地行一切布施就叫作生清净心。悟道后其心是清净心，求道的过程中也要生这样的清净心！

须弥山王：此山由金、银、琉璃、水晶四宝所成。高八万四千由旬，阔八万四千由旬，为诸山之王。现用以比喻大。

大身：即应身。佛相上有三身：法身、报身、应身。应身分胜应身和劣应身。佛为地上菩萨说圆顿大教《华严经》示现千丈卢舍那佛身，这是胜应身。为鹿野苑五比丘三转四谛法轮，现比丘相，这是劣应身。

大身是法相。幻相之中可以说大说小。假设是实有的话，哪有如此之大的人身呢。一切都是法相上的比喻。要去理解非相，即去理解一切相都是心生幻象。

【译文】

（先做一个比喻。在电子游戏中的一个人物是不可能通过游戏中的任何现象认识到他所存在的世界是幻象的。因为他以及所有的一切现象都是游戏中的幻象。然而佛法最不可思议之处就在于，可以通过幻象中的“法”认识到一切法及世界一切所有都是幻象的。正所谓“若见诸相非相，即见如来”）。

佛祖问须菩提：“你认为我曾经在我的老师燃灯佛那里得到了一个实有的成佛的‘法’了吗？”

须菩提说：“没有。因为一切法都是幻生假立，所以您当时在燃灯佛那里没有得到一个实有的法”。

佛祖又问：“你认为菩萨能够庄严一个佛国吗？”

须菩提说：“不会。因为所谓的庄严即是相对的，又是生灭的，所以庄严这个事只是一个名相而已。”就是说，一切并非实有，都是心生。心庄严则佛国庄严，心庄严则世界庄严。因此不存在一个实有庄严佛国的事。

佛祖说：“因此你应该知道，心清净则世界清净，心庄严则世界庄严，你要想发心求无上正等正觉，求解脱之道，应该秉持这样的信念：你不应该执着分别在一切物象、法相为实有上。你应该认识到这个世间的一切都是幻象，修证一切幻象是无所得的。你应该发一个不执着一切为实有的求道之心。

用现代的话来说就是，你应该树立起一切皆是心生幻象，度众生就是度自己的求道信念。

须菩提，譬如说有一个人的身体像须弥山那么大，你认为他的身体大吗？”

须菩提说：“大，太大了。为什么呢？那是您在用比喻来说的。实际上没有一个人有那么大的身体”。

【精义】

这一品佛祖要告诉须菩提，一切法都是假立方便之说。一切法都是唯心之事，心清净则国土清净，心清净则世界清净。因此发清净心的方法不是在执着世界为实有的基础上去求证最高觉悟，而是应该以认识到一切都是自己的心生幻有的方式去求证最高觉悟。一切法相都是比喻说明。

佛法的奥义，也是最不可思议的生命宇宙真相是：**一切都是假象！没有世界、没有时间空间、没有生死！**

【问答录】

同学问：六祖惠能第一次听闻《金刚经》时和第二次听到五祖给他讲《金刚经》时，二者有何不同？

高老师：境界不同。无论怎么悟，第一次六祖听闻《金刚经》时，是当时心有所感悟和领悟。当五祖给他讲《金刚经》时，他就彻悟了。彻悟是彻底解决了法相上的困惑。

同学问：如何才能应对得上机锋？

高老师：悟了，什么话都叫作机锋。悟与未悟不在禅语，不在是否能够应对得上机锋。**悟了，一通百通，一切都是机，处处皆是锋，这就是以心印心。**法则以心印心，皆令自悟自解；自古佛佛唯传本体，师师密付本心。没悟，就会在法相上找机、找锋，在法相上转圈圈，则永远没有机锋。强弄出来的机锋反成法缚。

同学问：如何理解八识?

高老师：所谓“自心取自心，非幻成幻法”，一切“识”都是方便说。八识是一个法相，是通过一个法相讲了一个道理。当然所有的佛经从实相上讲都是法相，所有法相讲的本质都是在讲“无法相”。佛法的不二法门是实相：实相无相。所以我不回答你的问题，目的是希望你能够跳出你的问题。这样，实际上已经回答了你的问题。

同学问：什么是末法时代?

高老师：你不相信就是末法。你不学就是末法。盲目的相信是不对的，迷信的相信是错误的。应该树立佛法的正知正见。佛法的正知正见是“照见五蕴皆空，度一切苦厄”。佛法是讲人生的最高智慧。

第十一品　无为福胜分

【原文】

“须菩提！如恒河中所有沙数，如是沙等恒河，于意云何？是诸恒河沙宁为多不？”须菩提言：“甚多，世尊！但诸恒河尚多无数，何况其沙。”“须菩提！我今实言告汝：若有善男子、善女人，以七宝满尔所恒河沙数三千大千世界，以用布施，得福多不？”须菩提言：“甚多，世尊！”佛告须菩提：“若善男子、善女人，于此经中乃至受持四句偈等，为他人说，而此福德胜前福德。”

【译文】

佛祖说：“须菩提，把像恒河沙那么多条恒河中的所有沙子加总起来，你说多不多？”

须菩提说：“多。连恒河沙那么多条的恒河都无法数得过来，更何况再把其中所有恒河中的沙子加总起来呢！”

佛祖说：“我真实的告诉你，如果有人用‘恒河沙乘以恒河沙’所等于的数目的三千大千世界的七宝拿出来布施，你认为他所得到的福德多吗？”须菩提说：“多，太多了。”

佛祖说：“如果有人能够奉持本经或者仅是经中的四句

话，他所得到的福德就比前边那个人所得到的福德还要多。”

【精义】

以恒河沙乘以恒河沙所得到的数目的三千大千世界的七宝布施，这样的布施无论多大都是相上的事情，都是梦中象、心中物。因此都是空花幻有。执求于相上的福德是不可得的。

因为一切有相的福德都是心生的，心生的福德都是生灭的，福德无论多少都在心生的一念之中。从本质上说，修相上的福德与修心是两个层面的东西。修心是修本质，修相是修本质所生之物。因此相有大小多少之分，生出相的“心”不能用大小多少来表示。因为本经修的是心，成佛成的是心而不是相，所以无论怎么比喻说“修心得到的福德”比“修相得到的福德”要多出多少的量都不为过！

第十二品　尊重正教分

【原文】

“复次，须菩提！随说是经乃至四句偈等，当知此处，一切世间天人、阿修罗，皆应供养，如佛塔庙。何况有人尽能受持读诵。须菩提！当知是人成就最上第一希有之法。若是经典所在之处，即为有佛，若尊重弟子。”

【译文】

佛祖说：“其次，须菩提！凡是随时随处听到本经或者其中的四句话，一切世人、天人或者阿修罗都应该像供养佛的塔庙一样恭敬此地，更何况能够有人接受经中的义理而秉持修证呢！须菩提！你应该知道，这样的人一定会证悟佛法第一实相义，得到无上正等正觉。凡是本经所在之处，就如同有佛在，及受人尊重的佛弟子在。

第十三品　如法受持分

【原文】

尔时，须菩提白佛言："世尊！当何名此经，我等云何奉持？"佛告须菩提："是经名为《金刚般若波罗蜜》，以是名字，汝当奉持。所以者何？须菩提！佛说般若波罗蜜，即非般若波罗蜜，是名般若波罗蜜。"

"须菩提！于意云何？如来有所说法不？"须菩提白佛言："世尊！如来无所说。"

"须菩提！于意云何？三千大千世界所有微尘是为多不？"须菩提言："甚多，世尊！""须菩提！诸微尘，如来说非微尘，是名微尘。如来说世界，非世界，是名世界。须菩提！于意云何？可以三十二相见如来不？""不也，世尊！不可以三十二相得见如来。何以故？如来说'三十二相'，即是非相，是名三十二相。""须菩提！若有善男子、善女人，以恒河沙等身命布施；若复有人，于此经中，乃至受持四句偈等，为他人说，其福甚多。"

【讲解】

佛说般若波罗蜜，即非般若波罗蜜，是名般若波罗蜜：佛又破了般若波罗蜜的相。只有破了般若波罗蜜的相才是真“波罗蜜”。否则即被波罗蜜的相所缚！为什么呢？因为此岸即彼岸，无得是真得。

如来无所说：说了个无所说是真说，凡是有所说都是比喻方便说（如铜盘、蜡烛）。

诸微尘，如来说非微尘，是名微尘。如来说世界，非世界，是名世界：微尘、世界都无自性。无自性的意思是微尘世界都是缘聚则生，缘散则灭，在生灭之中没有一个恒有的主体。因此佛祖说微尘、世界都如灯影一样是幻有的——即都是心对其所“名”有，而非实际存在的。

见如来：此见为认知、识别本心之意。

【译文】

须菩提问：“这部经应该叫什么名字？又如何去修证呢？”

佛祖说：“其名为《金刚般若波罗蜜》，你们要去修证奉持。为什么呢？

因为所谓的智慧到彼岸是没有一个相上的智慧可得，也没有一个相上的彼岸可到的。如果认识到一切都是幻中名相，都是心生幻有就是无上智慧，即刻即在离苦得乐的彼岸了。”

“须菩提！我有说过佛法吗？”

须菩提说：“您没有说过一个实有的佛法。”

佛祖问：“须菩提，你认为三千大千世界中的所有微尘多吗？”

须菩提说：“多，太多了！”

佛祖问：“须菩提，实质上这些微尘都非实有，都是幻生！所谓世界也不是实有的。须菩提，你认为可以通过佛所具有的三十二种瑞相去认识如来本心吗？”

须菩提说：“不可以。您所说的三十二相是为度人设立的法相，是假说方便！”

佛祖说：“须菩提，如果有人以恒河沙一样多的身命布施还不如受持本经，甚至仅是其中任意四句话所得到的福德多！”

【精义】

求佛不能在相上求，相是变化生灭的，佛是不可能在变化的相中的。例如三十二相及诸法相都是生灭无常的。因此，相上无佛，一切相皆是心生。心即是佛。如果能够认识到一切相皆是心生就成佛。

所以在本品中，第一，佛祖引导须菩提首先破了经名相，然后破了微尘、世界相，最后破了佛的三十二相。“金刚”之所以是究竟的“金刚”，就在于它连自己的金刚般若相也破了。

第二，佛说用恒河沙等身命布施所得到的福德，是在相上说的福德！相上的福德，无论多少都是生灭的和虚幻不实的，只有修心上的福德才是永恒和无量无边的。如何修心呢？布施而不住于相就是在修心**——以相修心。不住于相的意思是不执着在一切相为实有上！**

第三，如果说相上的智慧到彼岸是空花幻有的，那么什么叫作非相上的智慧到彼岸呢？答案是：非相上的智慧到彼岸是不可说的。为什么呢？因为凡有说，皆是在相上说。**非相上的智慧到彼岸是：当下即是，动念即乖。**

第十四品　离相寂灭分

【原文】

尔时，须菩提闻说是经，深解义趣，涕泪悲泣，而白佛言：“希有，世尊！佛说如是甚深经典，我从昔来所得慧眼，未曾得闻如是之经。世尊！若复有人得闻是经，信心清净，即生实相。当知是人，成就第一希有功德。世尊！是实相者，即是非相，是故如来说名实相。世尊！我今得闻如是经典，信解受持不足为难。若当来世，后五百岁，其有众生，得闻是经，信解受持，是人即为第一希有。何以故？此人无我相、无人相、无众生相、无寿者相。所以者何？我相即是非相，人相、众生相、寿者相即是非相。何以故？离一切诸相，即名诸佛。”

【讲解】

深解义趣：此“义”为离于语言文字的如来真实义。

佛说如是甚深经典，我从昔来所得慧眼，未曾得闻如是之经：您以前只是讲小乘中的诸多法相法理，从来没讲过还有这事啊！今天听到这样深奥的经义，真是闻所未闻！

若复有人，得闻是经，信心清净，即生实相：能够破除以前一切执着的法相，就叫作信心清净。能够信心清净，就会悟到实相。

是实相者，即是非相，是故如来说名实相：实相是连实相这个比喻说明也是幻象。只是在法相上说有一个实相。佛也是立出的一个佛相。无一切相，则立地成佛。

后五百岁，其有众生，得闻是经，信解受持，是人则为第一希有功德：五百年后，为何人们难信佛法第一实相义？因为佛度人时树立法相是容易的，但要想悟道需要破一切法相，所以后世人常执于法、迷于法！修心就叫作修功德，修世间有相的财物名利叫作修福德。相信实相是第一功德。福德都是因心而生的。

离一切诸相，即名诸佛：一切相皆是心生。相上无佛。因此能够不执着于我相、法相为实有，悟到一切相皆是心生幻有即是佛。

【译文】

须菩提此时已经理解到了佛说的最深义理，感动得流下眼泪说："稀有啊！世尊！您今日所说的甚深义理，我还从来没有听到过这么深奥的。世尊！有人如果听到这部经，能够彻底毫不怀疑地一念相信，破除一切法相，他就会最终证悟到实相。这样的人一定会成就佛法的最高智慧。世尊！实相是一切都是幻象。因为您是在幻象中说一切都是幻象，所以您现在所说的'实相'也只是一个名相。

"世尊！因为今天是听您亲自讲说义理，让我们相信修证还不是难的事情，但是在五百年后，有人能听到这部经马上生起信心、努力修证，这样的人真是世间罕有的！为什么呢？因为这样的人已经能够认识到无我相、无人相、无众生相、无寿者相。为什么呢？因为我相、人相、众生相、寿者相都是心生幻象。认识到一切世间万象都是心生幻象，离开对一切相的分别执着，就是一切世人成佛的根本所在。"

【精义】

成佛是心之事。一切相皆是心生。相上无佛。认识到一切相皆是心生即是佛！

【原文】

佛告须菩提："如是！如是！若复有人得闻是经，不惊、不怖、不畏，当知是人甚为希有。何以故？须菩提！如来说第一波罗蜜，即非第一波罗蜜，是名第一波罗蜜。须菩提！忍辱波罗蜜，如来说非忍辱波罗蜜，是名忍辱波罗蜜。何以故？须菩提！如我昔为歌利王割截身体，我于尔时，无我相、无人相、无众生相、无寿者相。何以故？我于往昔节节支解时，若有我相、人相、众生相、寿者相，应生瞋恨。须菩提！又念过去于五百世作忍辱仙人，于尔所世，无我相、无人相、无众生相、无寿者相。”

【讲解】

若复有人得闻是经，不惊、不怖、不畏，当知是人甚为希有：惊恐怖畏的原因是破了一切相，心无所依，慧根不够，抢走了玩具，没得玩了。要解如来真实义就是要学实相，要依实相的方法学习。到了大学就要依大学的方法学。要学实相就要有学实相的智慧和勇气，因为实相破了一切法相。

如来说第一波罗蜜，即非第一波罗蜜，是名第一波罗蜜：此处又破了所谓的“第一”。因为“是法平等，无有高下”，门门皆度门门人，门门皆是第一门，所以对于大德法师度人来说，法法都是第一法，门门皆是第一门。一切贤圣皆以无为法而有差别。

如我昔为歌利王割截身体：佛法是以有相的方式说了一个无相的事，因此在第一义中，歌利王割截身体也是法相。如果能够真无我，就不会执着于此相，而能够理解此相所表达的义：无我相、无法相。如果还执着于此相就还有我相、人相、众生相、寿者相。

【译文】

佛对须菩提说："是的，是的。如果有人能够听到这部经，不惊恐、不畏惧，你应该知道，这样的人实在是世间稀有！为什么呢？因为所谓的第一波罗蜜也只是幻中名相，所谓忍辱波罗蜜也是幻中名相。为什么呢？因为一切相，包括往昔的我、歌利王、于五百世作忍辱仙人的法相都是幻中名相。只有这样才是真的、彻底的无我相、无人相、无众生相、无寿者相。"

【精义】

为什么听闻本经的人能够不产生惊恐畏惧是非常稀有的呢？答案是：因为所有人一开始学佛都是以有相的方式学佛的，一开始都是被方便方法中的法相所度，因此都会执着于相上的事情。例如追求神通、财富名利，等等。当今天接触最高佛法时，发现过去所求皆是空花幻有、都是空拳黄叶，就会产生惊恐畏惧，心无所依。因此自古信佛容易，学佛法难，能够破除法相直趋实相，进而悟道则更难，难于上青天。

佛祖在过去不断树立法相以度众生，而今天一概破掉了，所以能够相信这部经的人是上上智人！是世所罕有的！

为什么呢？因为不但彼岸是个名相，实则就连我曾经说过的我昔为歌利王割截身体，以及忍辱波罗蜜，都只是度人方便之说。为什么呢？因为时间是幻象，过去的一切都是幻象！就是说，因为佛祖是无我的，所以没有过去的佛祖，更没有过去的忍辱波罗蜜。一切相，包括众生、须菩提、佛，等等都只是一个名相！即，金刚经、忍辱波罗蜜，一切都是你的梦中物。只有认识到这点才是真“无我相、无人相、无众生相、无寿者相”。

【原文】

“是故须菩提！菩萨应离一切相，发阿耨多罗三藐三菩提心。不应住色生心，不应住声香味触法生心，应生无所住心。若心有住，即为非住。是故佛说‘菩萨心不应住色布施。’须菩提！菩萨为利益一切众生故，应如是布施。如来说一切诸相，即是非相。又说一切众生，即非众生。须菩提！如来是真语者、实语者、如语者、不诳语者、不异语者。”

【讲解】

菩萨应离一切相，发阿耨多罗三藐三菩提心，不应住色生心，不应住声香味触法生心：一切相是指物质世界和精神世界。住是指贪执其为实有。在不执着外界为实有的情况下发求最高觉悟的心，就是不住相生心。一切相都不是实有的，如果认为有个实有的世界、众生、比喻相，就是住相。

应生无所住心，若心有住，即为非住：应该秉持一切都是心生幻象的信念。凡是认为有一相为实有，即是执着妄想，就不是正确的求道信念。

是故佛说，菩萨心不应住色布施。须菩提！菩萨为利益一切众生，应如是布施：布施，就是对别人好。作为菩萨不应在贪求回报的心上对别人好。不执求回报，才会得到不可思议的回报。为什么呢？因为一切皆是唯心之事。

一切诸相，即是非相。又说一切众生，即非众生：一切相都是幻象，一切众生皆是幻象。心外无物，法实无外！如果住相（执虚幻为实有）就不是真菩萨。

如来是真语者、实语者、如语者、不诳语者、不异语者：真语实语是真实所说。如语是如法实相义所说。不诳语是指不撒谎，不诳骗。异语是指任何时候说的都是同一个事——实相：一切相皆是非相，一切众生即非众生。

佛为什么说如来是真语者、实语者、如语者、不诳语者、不异语者呢？因为前面破法相破的很严重，把菩萨相、众生相都破了。外在没有众生，众生只是梦中象。佛法的核心奥义是：一切唯心之事。六百卷《大般若》中所说的一切法都是假立方便。例如遇到一群人，佛说了《阿含经》；遇到另一群人佛说了《地藏经》；再遇到另一群人佛又说了《楞严经》。如此等等。一切法都是因度人机缘假立出来的。一切法不可说，不可执，本无所有。

【译文】

佛祖说："因此须菩提，凡是菩萨都应该以认识到世间一切相都是幻象的信念求证最高觉悟。凡是认为有一个相是实有的，就不是正确的求道信念。因此佛说'菩萨不应该贪执实有物象上的回报而去布施'。须菩提！凡是菩萨都应该为利益一切众生，应以无求回报之心去行布施。如来说一切世间万象都是你的心生幻象，一切外界众生也都是你的梦中象。我今天所说的是真实话，是如法实相所说的话。我从不撒谎。无论在何时何地我说的都是同一个真理。"

【原文】

"须菩提！如来所得法，此法无实无虚。须菩提，若菩萨心住于法而行布施，如人入暗，则无所见。若菩萨心不住法而行布施，如人有目，日光明照，见种种色。须菩提！当来之世，若有善男子、善女人，能于此经受持读诵，则为如来以佛智慧，悉知是人，悉见是人，皆得成就无量无边功德。”

【讲解】

如来所得法，此法无实无虚：因为以梦中幻象的方式觉悟生命世界是个梦境，其本身的任何觉悟智慧都是梦中事，所以觉悟本身即是幻象，因此是无实。如果你能够觉悟，就觉悟到了虚空大地、佛祖佛法、你我众生，都是梦中象，这时你就真的觉悟了，就解脱了烦恼苦和生死苦，这时对你来说是无虚的。用最简单的话来说，梦境中的佛法是存在的，所以学佛悟道之事是“无实无虚”的。再从另一角度说，以有相的方式说无相的事就是“无实无虚”。因此根本上，觉悟本身是不可说的。

当来之世，若有善男子、善女人，能于此经受持读诵，则为如来以佛智慧，悉知是人，悉见是人，皆得成就无量无边功德：佛再立出了一个法相度人。佛祖是以有相的方式说了一个无相的事，所以只有不断立，不断破，才能最终离一切相，彻悟实相。再立是为众生增强之前所破之信心信念。**灵通者不会执于再立而能够信其所破。**因此执着于相，就在逻辑分别之中，无相则是超越一切逻辑分别。

【译文】

须菩提，我所得到觉悟既不是真实存在的，也不是彻底没有的。要离一切分别执着，彻悟实相无相。如果菩萨执着世界为实有而去布施，这就像是一个人进入到黑暗中一样，不会认识到什么智慧。如果菩萨能够悟到一切皆是心生幻象，能够不执着在我相、法相上去布施，这时就不断深入领悟心外无物的奥义了，这时他就如同是走入了光明之中，会领悟到一切种种佛法智慧。须菩提！你应该知道，未来人如果能够读诵相信这部经而依此修证，我都知道，他们会成就最高的无量功德！

第十五品　持经功德分

【原文】

“须菩提！若有善男子、善女人，初日分以恒河沙等身布施，中日分复以恒河沙等身布施，后日分亦以恒河沙等身布施，如是无量百千万亿劫以身布施；若复有人，闻此经典，信心不逆，其福胜彼。何况书写、受持、读诵、为人解说。

“须菩提！以要言之，是经有不可思议、不可称量、无边功德。如来为发大乘者说，为发最上乘者说。若有人能受持读诵，广为人说，如来悉知是人，悉见是人，皆得成就不可量、不可称、无有边、不可思议功德。如是人等，即为荷担如来阿耨多罗三藐三菩提。

“何以故？须菩提！若乐小法者，著我见、人见、众生见、寿者见，即于此经，不能听受读诵、为人解说。须菩提！在在处处，若有此经，一切世间、天、人、阿修罗，所应供养；当知此处即为是塔，皆应恭敬，作礼围绕，以诸华香而散其处。”

【讲解】

闻此经典，信心不逆，其福胜彼：信为道源功德母。一念生净信者，才能福德无量。

以要言之，是经有不可思议、不可称量、无边功德：什么东西是不可思议、不可称量、无有边际的呢？任何相上的事都是可以思议和可以称量的，只有生出一切相的心，相对于相来说，才是无量无边、不可思议、不可称量的。因此，心是无量无边的，心相信这部经所生出的福德已经不能用相上的比喻来说明了，只能说是无量无边、不可思议的。

如来为发大乘者说，为发最上乘者说：这部经是为大学同学讲的，是为学最高佛法、求最高觉悟的人说的。因为这是一部破一切法相的经，只有相信此经所破一切相之义理，才能成就无上正等正觉。

小法：小乘之法。有苦集灭道的修法，即为有我、有人、有众生、有寿者相的修证之法。修持小乘者，因为还有一个相的修证，所以就悟不到实相无相的奥义。为什么呢？因为还有我执和法执，所以不能听信受持。

【译文】

如果有人能够听闻这部经而彻底相信，他所得到的福德比一个人用无量的身体布施所得到的福德还要多。更何况有人去书写读诵以及为人解说呢！须菩提！最简要地说，这部经所说义理有不可思议、无法称量、没有边际的功德。为什么呢？因为一切福德、功德皆由心生，心无量，则一切福德无量、功德无量！

这部经讲说最高义空的境界，是究竟彻底的一部经，因此这部经只为那些想成佛的大菩萨们而说。如果有人能够相信受持这部经就会得到无量的功德。只有相信这部经的人，才能得到最高最彻底的究竟智慧。

为什么呢？

因为那些执着于小乘佛法的众生，还执着在一切法相皆是实有的见解上，执着在有我人众生寿者相上，因此无法理解这部讲解无一切相的经，更无法以有相的方式宣讲这部实相无相的经。凡是讲说本经者，一切世间之人、天人、阿修罗等都应该供养他。凡是本经所在之处，都应该散花焚香，像供养佛的塔庙一样恭敬此处！

【精义】

这一品最关键的是明确了这部经是为求大乘成佛者所说。对于修学小乘者而言，是无法为人讲说这部无一切相的经的。

【问答录】

同学问：如何布施不住于相？

高老师：住相就是执着外物为实有。不住相就是认识到一切都是心生幻有。布施就是对人好！布施不住于相就是以不执求实有回报的方式对别人好！为什么要布施不住于相呢？因为一切都是“你的梦境”！

同学问：一切都是幻有的，还有因果吗？

高老师：认为“一切都是幻有的就没有因果”是错误的。恰恰是一切都是幻有的，所以一切因果才会穿越时间与空间而联系着（为什么是这样的，具体可参看《量子佛学》及《科学禅定》）。因此真相信一切都是幻有，也就相信了明天、后天、一年后，以及昨天、前天、一年前，所有你认为已经发生的事件，以及将要发生的事件都是现在你的心创造出来的因果。这个因果是离一切逻辑分别的无一切相的因果。什么是无一切相的因果呢？答案是：只有你自己的因果，一切世人分别的因果现象都是在你自己的梦境中示现出的现象。

第十六品　能净业障分

【原文】

“复次，须菩提！善男子、善女人，受持读诵此经，若为人轻贱，是人先世罪业，应堕恶道，以今世人轻贱故，先世罪业即为消灭，当得阿耨多罗三藐三菩提。

“须菩提！我念过去无量阿僧祇劫，于燃灯佛前，得值八百四千万亿那由他诸佛，悉皆供养承事，无空过者，若复有人，于后末世，能受持读诵此经，所得功德，于我所供养诸佛功德，百分不及一，千万亿分乃至算数譬喻所不能及。须菩提！若善男子、善女人，于后末世，有受持读诵此经，所得功德，我若具说者，或有人闻，心即狂乱，狐疑不信。须菩提！当知是经义不可思议，果报亦不可思议。”

【讲解】

那由他：相等于亿数。

当知是经义不可思议，果报亦不可思议：经义的不可思议之处在于彻悟唯心所现上。福德、功德都是心生，都是本无所有的。求相上的福德都是无常和生灭的。能够解脱生死则是超越一切的福德和功德。例如当一个人面临死亡时，一切名利上的福德都“归零”

了，这时能够解脱生死才是真正的福德。认识到一切都是唯心所现，即解脱生死。认识到一切如梦如幻，不是让你跑出梦境，而是要把梦做好！

【译文】

佛祖说："须菩提！如果有人在受持修证这部经，生活反而变得不如意，原因是他前世造的恶业，导致今世本应该坠入恶道之中，因为今世诵读本经所得到功德的缘故，将前世的罪业抵消了。这样的人也会得到无上正等正觉，解脱成佛。

"如果把我曾经供养过无数佛所得到的功德加总起来，还不及有人诵读持用这部经所得到功德的千万亿分之一，其功德之大，到底有多大，没有办法说了，连用数字的比喻都无法表达了"。

"如果让我再具体说说其功德到底有多大，有人听到会心生狂乱而不相信。你应该知道，经中所指之义——无住布施、唯心所现，是不可思议的，其所得到的果报（福德、功德）也是超越一切世人在相上所做出大小数量上的分别的。"

【精义】

举一个我自己的例子：当年在我得病而深陷死亡绝境时，我无法预料到会有今天的果报。例如现在能够站在大家面前。当年如果你给我一千万、一万万万亿的人民币，或者给我十万亿亿亿亿亿亿亿亿亿吨的黄金，对我来说都没有任何意义。一个人真正的福德是心。心解脱所得到的快乐是无论用多少名利财富都无法比拟的，也是百千万亿大千世界七宝布施所不能及的！只有心的自由快乐才是真的福德无量。心的解脱快乐是人生的真谛，是活着的意义。

另，佛祖为什么在经中不断强调三千大千世界七宝布施以及恒河沙等恒河沙世界呢？实际上就如同上面我用十万亿亿亿亿亿亿亿亿亿吨的黄金来比喻说明“心”的解脱愉悦所得到的福德是无量无边的一样，佛祖在经中不断地用“数字相”上的“多”来表达“无相的福德”是无量无边的，目的是要说明福德的实相是一切福德都是唯心之事。**福德在心不在相。**

第十七品　究竟无我分

【原文】

尔时，须菩提白佛言："世尊！善男子、善女人，发阿耨多罗三藐三菩提心，云何应住？云何降伏其心？"佛告须菩提："善男子、善女人，发阿耨多罗三藐三菩提心者，当生如是心：'我应灭度一切众生。灭度一切众生已，而无有一众生实灭度者。'何以故？须菩提！若菩萨有我相、人相、众生相、寿者相，即非菩萨。所以者何？须菩提！实无有法发阿耨多罗三藐三菩提者。"

【讲解】

若菩萨有我相、人相、众生相、寿者相，即非菩萨。所以者何？须菩提！实无有法发阿耨多罗三藐三菩提者：**例如这个人（图7），在游戏幻相的世界中发心学佛，求最高觉悟。如果他认为有一个"他"可以修道，说明他就还有我相。有我相即有人相、众生相、寿者相。实际上，不但是他所面对的世界，就连"他"自己的身体都是一种幻象的存在，更何况在他幻象存在的大脑中产生出的任何"认为"和"智慧"呢？因此如果能够悟到所求、能求都是幻象，一切本无所有即是悟到实相。**

【译文】

这时须菩提问："众生要想得到无上正等正觉，应该秉持什么样的信念？又如何降服烦恼心？"

佛祖说："善男子、善女人都应该秉持这样的信念：'我应去度尽一切众生离苦得乐。度尽一切众生后，实际上没有一个众生被度。'为什么呢？因为如果菩萨心中还认为自己、他人、众生、时间都是实有的话，他就还没有领悟实相无相的奥义。他就还不是菩萨。为什么呢？因为不但所求的无上正等正觉，就连求这个最高觉悟的菩萨自己本身也不是实际存在的！"

（图7 游戏中人物）

【精义】

用个比喻说：就像是一个电子游戏中的人，无论在游戏中度了多少人，又得到什么样的最高智慧，实际上这一切都是游戏幻象。所以，认识到游戏本身是幻象才是超越一切逻辑分别的大智慧。这样的智慧可以让这个人远离一切追求虚妄不实事物所产生的烦恼，解脱对死亡的恐惧，进而大自在地生活在游戏世界中。

【原文】

“须菩提！于意云何？如来于燃灯佛所，有法得阿耨多罗三藐三菩提不？”“不也，世尊！如我解佛所说义，佛于燃灯佛所，无有法得阿耨多罗三藐三菩提。”佛言：“如是！如是！须菩提！实无有法如来得阿耨多罗三藐三菩提。须菩提！若有法如来得阿耨多罗三藐三菩提，燃灯佛即不与我授记：‘汝于来世，当得作佛，号释迦牟尼。’以实无有法得阿耨多罗三藐三菩提，是故燃灯佛与我授记，作是言：‘汝于来世，当得作佛，号释迦牟尼。’”

【讲解】

例如一个人做了一个梦，在梦境中的一切事、一切理都不是实有的。如果在梦境里能够得到一个实有的法，那就不是梦了。所以，悟到“无所得”是“真得”——得个大智慧，一切福德，功德皆由智慧生。佛祖释迦牟尼在燃灯佛那里“于法实无所得”，就是说，在梦里悟到“无所得”才是真悟。真悟已经不可说。当知是经义不可思议，果报亦不可思议。没有燃灯佛，没有释迦牟尼佛，只有你，一切因你而存在。真理解了《金刚经》就破了“金刚相”，如此是真得了“金刚经”。

【译文】

佛祖为了让须菩提彻底破一切法相，紧接着问：“须菩提，你是怎么认为的？当年我在燃灯佛那里，得到了一个叫作无上正等正觉的东西吗？

须菩提答：“按照之前我所理解您所说的义理，您当年在燃灯佛那里没有得到一个相上的无上正等正觉的东西。”

佛祖说：“是的！是的！没有一个相上的东西叫作无上正等正觉。如果我在当年得到了一个叫作无上正等正觉的东西，那就还是我相未除，燃灯佛就不会印证我说：你在来世应当作佛，称为释迦牟尼。正是因为我证悟到了一切相，包括我相及无上正等正觉的法相都是幻象，所以燃灯佛才印证我说：你在来世应当作佛，称为释迦牟尼。”

【精义】

用个比喻来说，假设你在夜里做了一个梦，在梦境中你去学佛，然后修习了很多法门。实际上这些都是梦中事，当你梦醒了，则一切都成为了虚无，成为了本无所有。真正不可思议的、超越一切梦中逻辑分别的智慧是："在梦境中你认识到了这是一个梦境。"虽然在一般逻辑上认为，在梦境中是无法认识到这个世界是个梦境的，但是佛法奥义就是这样的不可思议。注意：这只是一个比喻。这个世界是如此的奥义和不可思议！

【原文】

"何以故？如来者，即诸法如义。若有人言'如来得阿耨多罗三藐三菩提'，须菩提！实无有法，佛得阿耨多罗三藐三菩提。须菩提！如来所得阿耨多罗三藐三菩提，于是中无实无虚。是故如来说一切法皆是佛法。须菩提！所言一切法者，即非一切法，是故名一切法。须菩提！譬如人身长大。"须菩提言："世尊！如来说人身长大，即为非大身，是名大身。""须菩提！菩萨亦如是。若作是言'我当灭度无量众生'，即不名菩萨。"

【讲解】

何以故？如来者，即诸法如义：真相是什么？真相是一切都是假象。在假象中说出任何一个所谓的真相都是假象——即在幻相中说幻及说非幻都是幻。所以要去领会那个义。义是什么？义是一切皆假。理解其义即称“如来”。

须菩提！如来所得阿耨多罗三藐三菩提，于是中无实无虚：以幻法来说“一切皆幻”，即是无实无虚！

【译文】

佛祖说：“为什么是这样的呢？**通过一切法相去理解生出一切法相的“心”，就只能称为“诸法如义”了。**一切都是比喻，要去理解那个本体。

“如果有人说我得到了一个有相的无上正等正觉，这种认识是本末倒置，是错误的。须菩提！我所得到的无上正等正觉，是在幻象中认识到一切皆幻。因为一切本质上是虚幻不实的，所以不能说无上正等正觉是真实存在的。因为是在幻中说非幻，所以也不能说无上正等正觉是彻底的没有。因此凡是能够让人离苦得乐的法都叫作佛法。能够以不同方式

让人悟到实相的教法都是第一义谛佛法。所谓的一切法都是

因人而生，因机而立，所以也不要执着有一个实有的法、固定法的存在，一切法都是比喻名相。须菩提！这就像我平时说有一个人的身体非常大一样。”

须菩提说：“世尊，你以前所说的人身长大，那只是一个比喻。实际上没有一个人的身体会那么的长大。”

佛祖说：“菩萨也是这样的。如果菩萨认为有一个众生被其所度，那么菩萨就还有能度、所度，有能度就还有我相的存在。既然有相就还是在执虚幻为实有，就还不是菩萨。”

【精义】

以上佛祖为引导须菩提悟到实相而不断立出一个又一个的法相。所谓步步踩着砖，步步不带着砖走。佛祖很怕须菩提执着在某一个法相上，所以不断地立、不断地破。“随立随破”就是“金刚经”。就是说，**只有立一切法相说明实相，又破一切法相直指实相才可称为“金刚”。否则就不是可以摧毁一切世间烦恼的利器。**

【原文】

“何以故？须菩提！实无有法名为菩萨。是故佛说一切法无我、无人、无众生、无寿者。须菩提！若菩萨作是言‘我当庄严佛土’，是不名菩萨。何以故？如来说庄严佛土者，即非庄严，是名庄严。须菩提！若菩萨通达无我法者，如来说名真是菩萨。”

【讲解】

须菩提！若菩萨通达无我法者，如来说名真是菩萨：如果能够无我，就没有我、菩萨、佛，没有燃灯佛。真相就是一切皆是假象。只有离我相、人相、众生相、寿者相才可以证悟实相。一切法不可说、不可取，此法无实无虚。“真”不可说，说出来就是假，《金刚经》把一切法相全部推翻了。所有对法相的分别都是“自心取自心，非幻成幻法”。真在哪里？真就在当下，当下即是，动念即乖。即：知见立知，即无明本。知见无见，斯即涅槃，无漏真净：一切知见都是假，在一切知见中试图找出一个真，就是无明的根本，能够认识到一切知见都是唯心所现就是真涅槃。

【译文】

“为什么呢？因为所谓法相中的菩萨相也是幻中名相，也是生灭的和假立出来的。因此一切佛法的核心要义是无我相、人相、众生相、寿者相。

“须菩提，如果有菩萨说‘我应当庄严一切佛国’，那么他就不是真菩萨。为什么呢？所谓庄严也只是一个名、一个相。如果一个菩萨真的能够领悟到无我的真谛，这个菩萨才是真正的菩萨。”

【精义】

世界无法庄严，一切皆是心生，心庄严则世界庄严，心清净则世界清净，心至善则世界至善。

佛法分八万四千法门，最终都要汇入一门：实相门。佛法有三法印：“无我、无常、涅槃”。三法印是印证一切佛法是否是正法的标准。无我在佛法中的地位非常重要。能够无我就不执我相及一切法相，悟到实相了。

【问答录】

问：什么叫作究竟无我？

高老师：就是你要发一个度尽一切众生的心，但是因为一切众生都是你的心生幻象，所以根本就没有一个实有的众生被你所度，即便连你自己本身也是一个幻象的存在。**结果是：度众生就是**

度自己。如果你心中还有个我相，就不是真菩萨。佛说，一切相以及在一切相中找个“非相”，这些都是名相。认识到一切都是幻象就成佛。为什么呢？因为一切相唯心所现！

同学问：有几个佛？

高老师：你想得到真答案还是假答案？真答案是：只有你一个佛。没悟道，则被“佛相”转，悟道即转佛为己。因此无量那由他诸佛中只有一个佛，就是你！

同学问：整部经里面为什么通篇都在谈布施？

高老师：因为金刚经用布施来代表着一切法相上的事。用不住布施法相说无相。无相即是一切皆是心生幻象。

同学问：布施的表现是财布施、法布施和无畏布施，那真正的布施是什么？

高老师：诸恶莫作，众善奉行是真正的布施。关键是要发至善之心。实无布施，是名布施。因为一切相都是虚妄不实的。

同学问：一切树木山川河流，包括您都是我的梦中象，那么由此推导出来，世界一切都是我吗？

高老师：今天咨询到此结束！我已经回答你啦！（会心一笑）

第十八品　一体同观分

第十八品　一体同观分

【原文】

“须菩提！于意云何？如来有肉眼不？”“如是，世尊！如来有肉眼。”“须菩提！于意云何？如来有天眼不？”“如是，世尊！如来有天眼。”“须菩提！于意云何？如来有慧眼不？”“如是，世尊！如来有慧眼。”“须菩提！于意云何？如来有法眼不？”“如是，世尊！如来有法眼。”“须菩提！于意云何？如来有佛眼不？”“如是，世尊！如来有佛眼。”

“须菩提！于意云何？如恒河中所有沙，佛说是沙不？”“如是，世尊！如来说是沙。”“须菩提！于意云何？如一恒河中所有沙，有如是沙等恒河，是诸恒河所有沙数，佛世界如是，宁为多不？”

“甚多，世尊！”佛告须菩提：“尔所国土中，所有众生，若干种心，如来悉知。何以故？如来说诸心皆为非心，是名为心。所以者何？须菩提！过去心不可得，现在心不可得，未来心不可得。”

【讲解】

五眼：在许多佛学经典中有五眼之说。这五眼不是长出一个眼睛的“眼”，例如有人说可以开天眼，见到遥远的事物，这种认识是错误的。实际上，就像是说一个人有“远见”是指智慧深远一样，五眼是对佛法智慧深浅的表达。例如《无量寿经》中明确地指出“法眼观察，究竟诸道。慧眼见真，能渡彼岸”。因此，法眼、慧眼、佛眼是指智慧之眼。众生看世界，一切都是苦的，脏的。佛眼看世界，一切都是至善和美好的。所谓一花一世界，一叶一如来。佛是具备一切种智慧的，因此说佛是具有五眼的。

过去心不可得，现在心不可得，未来心不可得：不可得的意思不是说没有，而是说一切都是无常的，一切都是生灭的。说过去心、现在心、未来心不可得的意思是一切，包括三世（过去、现在、未来）以及其一切众生都是“梦中象”！一切都不是实有的。

【译文】

佛祖说：“须菩提，你是怎么认为的？如来是否有肉眼、天眼、慧眼、法眼，佛眼？”须菩提答：“有。佛具有一切智慧之眼。”

佛祖说：“像是恒河沙乘以恒河沙所得到的数目那么多

的佛的世界，你认为多吗？”须菩提答：“多”。

佛祖说：“在所有这么多的世界中所有的众生之心，我都知道。为什么呢？因为世界、众生并非实有，其心更非实有，都是幻象中的名相。为什么呢？因为一切众生的心念都是生灭的、无常的，都不是实有的。”

【精义】

第一，佛祖说具有五眼是指具有一切种智慧。

第二，佛祖说一切众生之心我都知道，不是说外在世界是实有的，然后佛祖知道一切众生心里想什么，而是说一切世界众生都是佛祖的心中物！这个道理与佛祖在《楞严经》中说“见性周遍一切虚空大地”的道理是一样的。在楞严经中，“遍”的意思不是触摸遍一切虚空大地，而是一切虚空大地都是心生出来的“遍”。同样道理，此处佛祖说一切世界众生的心如来都知道，不是说世界众生都是实有的，佛祖都知道他们心中在想什么，而是说世界众生都是佛祖心中物的意思。

第三，所有三千大千世界，都是佛祖在心里立出来的相，所以知道诸心皆为非心，都是假立的。一切心不可得，不是没有，而是幻有。所谓三千大千世界是在幻中说“有”的比喻。这个比喻是在说明一切相都是幻有。一切相都是唯心所现。

佛祖立出了一个最高奥义的相，在于你能不能悟解到诸相非相，能不能发现这个奥义。所有的人一开始都是从相上来学佛的，到最后学了一个“无一切相”。金刚经的目的是告诉你无一切相，即不住相。

【问答录】

同学问：一切相都给破完了，我们在何处安身立命？

高老师：“知见立知，即无明本。知见无见，斯即涅槃，无漏真净”，能找出个安身立命处，那么就是这句话了。

同学问：如何理解根尘脱落、虚空粉碎、大地平沉？

高老师：**认为有个“根尘脱落”事的存在是缘木求鱼。认为存在“虚空粉碎，大地平沉”也是在刻舟求剑。**为什么呢？因为法要当机而说才是“法”，否则就是系驴的橛子。这些名相的词语都只是比喻说明。这就像是“心花怒放”是比喻无限喜悦的，但是如果你去找个“心”是如何怒放的，就会死于言下。

第十九品　法界通化分

【原文】

“须菩提！于意云何？若有人满三千大千世界七宝以用布施，是人以是因缘，得福多不？”“如是，世尊！此人以是因缘，得福甚多。”“须菩提！若福德有实，如来不说得福德多；以福德无故，如来说得福德多。”

【讲解】

为什么如果福德是实有的，佛不说福德多，而福德是无的，佛祖才说福德是多呢？下面先看什么是福德？

一般人认为的福德即是“钱多，孩子多，房子多，衣服多，豪车多，媳妇多”。一个人的贪欲是永无止境的，永远没有满足。如果一个人执着外部世界为实有，由此带来的贪执欲望就永远没有限度，福德就永远没有个“多”。无论福德再大再多，都有更大更多。

福德无的意思不是说没有福德，而是说一切福德皆由心生。心生的福德不以多少来定，心生的福德是无量无边的。例如当一个人饥饿难忍时，吃了一个包子，这时的福德无量无边。当一个人热恋时，外在的一切福德对他来说都不是福德，爱情的福德是无量无边的。为什么爱情的福德无量无边，因为爱情是心的事情，所以真正的福德是心福德。**因此只有认识到福德是无的，即认识到一切福德都是心生的，福德才是“多”的。**如果认为福德是实有的，那么福德再多，也是生灭的，永远没有个“多”。这是《金刚经》的通篇真义！

【译文】

佛祖说：“须菩提！你认为如果有人用三千大千世界中的宝贝都拿出来布施，他所得到的福德多吗？”须菩提说：“多，太多了。”佛祖说：“如果世界财富福德是实有的话，我就不会说福德多了。因为一切福德都是心生幻有的，所以我才说这样的福德是多的！”

【精义】

如果一切相上的福德是实有的，那么财宝再多，也是生灭的，再多也有更多！如果福德是因心而有的，那么心无量，则福德无量无边！一切福德因心显量！

第二十品　离色离相分

【原文】

“须菩提！于意云何？佛可以具足色身见不？”“不也，世尊！如来不应以具足色身见。何以故？如来说具足色身，即非具足色身，是名具足色身。”“须菩提！于意云何？如来可以具足诸相见不？”“不也，世尊！如来不应以具足诸相见。何以故？如来说诸相具足，即非具足，是名诸相具足。”

【讲解】

如来不应以具足诸相见：在六百卷《大般若经》中佛祖讲的一切法相——六通、三明、八解脱等都是佛为度众生而说的名相。一切名相都是“无中生有”的喻体，不是本体。

就是说，佛的最高智慧不可以通过相上的具足来表达的。所谓的具足只是对智慧层次的标记。为什么呢？例如，一个人小学毕业后就要读初中，初中毕业就要继续读高中、大学、博士等。对于博士来说，他是小学具足的，也是初中具足、高中具足、大学具足的。同样道理，具足是对一种智慧层次、修行次第的表达，对于一个人的色身以及一切法相来说是不会存在实有相上的具足的，只有智慧的次第才可以称为具足。所以声闻众、四果罗汉、菩萨等等的具足是指智慧而言。

相上无法具足，能具足的只有心！心悟则一切具足！心迷则一切都不具足。

【译文】

佛祖问："须菩提！你认为佛可以通过色身相圆满具足的方式表现出来吗？"

须菩提答："不可以。佛不可以通过色身相圆满具足的方式表现出来。您以前所说的色身圆满具足是假说名相。"

佛祖问："须菩提！你认为佛可以通过一切法相圆满具足的方式来表现出来吗？"

须菩提答："不可以。佛不可以通过一切法相的圆满具足表现出来。您以前说的一切法相的圆满具足只是假说方便。"

【精义】

本品要表达的意思是："一切相都是心生出的幻象，幻象又怎么能够具足呢？以前所说的具足是为度众生而假立出来的。"

法相难破。但是又为什么要设立这么多的法相？因为人多，人的想法多，人的境界多，要用这些不同的法相来度不同地域的人。例如，南传有南传的法相，藏传有藏传的法相，汉地有汉地的法相，日本有日本的法相。佛法传到哪里，就会相应立出一些具足的特色法相。但是要想悟道，必须离一切诸相，悟到一切皆是心生幻象。

【问答录】

同学问：什么叫作明心见性？

高老师：明心见性的意思是认识到本心自性。本心自性在哪里呢？《楞严经》中说“见见之时，见非是见，见犹离见，见不能及”。这句话的意思是：见性（本心自性）是无法被见到的。为什么呢？因为一切都是见性生出来的。所以试图在心身以及外在世界中寻找见性就如同是试图在电影里找放映机一样。因此，明白了“本心”是无法被见到的就明心见性了。

同学问：量子力学是如何证明实相的？

高老师：量子力学中的波粒二象性证明了在意识之外的一切都是以波的方式存在着的，例如你的汽车、孩子、月亮及星系。什么是波呢？波就是一个不断向四周扩散着的状态。如果说你的手机像波一样向四周不断扩散着，那么这句话不可被理解。为什么呢？因为如果手机像波一样扩散着，就等于说你不能确定手机到底在哪里，也可以说你的手机无处不在，因为它正在以波的方式同时向四周扩散着。波粒二象性证明的就是，在你去看一个光子之前，光子是以波的态势存在着。世界万物都是由光子、电子、质子、中子等基本粒子组成的，这些基本粒子都具有波粒二象性，所以波粒二象性证明的是意识决定了一切的存在，而决定一切存在的意识不在他所创造出的光子、电子、原子中，即不在由这些基本粒子组成的你的身体和大脑里。**因此一切皆是幻象。创造出一切幻象的不在一切幻象中。正所谓实相无相。**

同学问：命运是否是固定的?

高老师：命运不是固定的，是你现在创造出来的。真正的因果是离于一切心念分别的，因为一切心念分别即为因果。因果在第一义，第一义是不分别。**什么叫作不分别？一分别，就分别出个名相的真心与妄心。不分别，当下真心即妄心。不分别，当下每一念都既在改变着过去，又在改变着未来。净信就是第一义。净信就是没有一切心念分别的纯净相信一切唯心所现。因此布施而不住于相，福德不可思量！十方三世只在当下一念中！**

第二十一品 非说所说分

第二十一品　非说所说分

【原文】

“须菩提！汝勿谓如来作是念：‘我当有所说法。’莫作是念，何以故？若人言：‘如来有所说法’，即为谤佛，不能解我所说故。须菩提！说法者，无法可说，是名说法。”尔时，慧命须菩提白佛言：“世尊！颇有众生，于未来世，闻说是法，生信心不？”佛言：“须菩提！彼非众生，非不众生。何以故？须菩提！众生众生者，如来说非众生，是名众生。”

【讲解】

说法者，无法可说，是名说法：法非实有，因人而生。说法这个事本身也在幻象中。一切法皆是因人因机而假立。不要执着于一个法为实有。说了个无所说是真说，悟到实相是真法。

彼非众生，非不众生。何以故？须菩提！众生众生者，如来说非众生，是名众生：众生都是你的心中幻象，哪里又有什么实有的众生。只有你，没有未来的众生。你相信了就是未来的众生相信了。但又不是说没有众生，说法时有法相众生，否则这法就没法说了。因此说有、说无，无非是在说一个幻有。如同梦境，梦中一切不是没有，而是幻有。一切唯心之事，只有唯心之事才可以解释佛说的一切法理。

【译文】

佛祖说："须菩提，你不要这么认为我说了佛法。为什么呢？如果有人认为我说了佛法，即是在诽谤我，不能够理解我所说的义理。须菩提！佛法是应机度人的，佛法本身也是假立出来的。因人而存在的法，必然是虚幻不实的。"

这时长老须菩提对佛说："世尊，未来众多众生听到您这么说能够生起信心吗？"

佛祖说："未来的众生皆是你的梦象而已，又哪里来的未来众生以及信或不信的问题呢？"

【精义】

须菩提问未来众生会生起信心吗？佛祖为须菩提破我执和法执，根本就没有回答须菩提的问题，而是直接把"锅"（执虚幻为实有的信念）给砸了：众生都是幻象，未来没有什么众生，也不存在信或不信的问题。这就是佛法第一实相空。**空的意思不是说没有，而是说一切世界所有都如同是病眼见虚空中升起的幻花一样，都是心生幻有。**如果认为有未来众生，就还是未离我相人相众生相寿者相。

用量子佛学的角度来说，在量子力学实验中，间隔时间发射的电子最终也会形成干涉条纹的实验让人们不得不接受：无论空间距离多么遥远，时间相隔多么久远，从大爆炸开始，宇宙中的一切事件的发生就像是在同一时间发生着的那样发生着。宇宙中的一切事件，不理会一切时间、一切空间的存在而相互联系在一起。所以，本质上没有未来的众生，更不存在其相信或不相信的问题，一切都是妄执分别。**虽然这一点让人无法理解和不敢相信，但这是波粒二象性实验通过检测证实到的结果。**

第二十二品　无法可得分

【原文】

须菩提白佛言："世尊！佛得阿耨多罗三藐三菩提，为无所得耶？"佛言："如是，如是。须菩提！我于阿耨多罗三藐三菩提乃至无有少法可得，是名阿耨多罗三藐三菩提。"

【讲解】

乃至无有少法可得：为什么无有少法可得？因为所有法皆是相，而凡是相皆是幻象，所以幻象中的"法"又怎么能得到呢？用个比喻来说，例如伟人是英明的。那么伟人是否得到一个英明的东西了？答案是没有。如果伟人死了，英明就本无所有了。所以，英明是指智慧而言，这个智慧是名相的、是生灭的。同样道理，无上正等正觉也不是一个在相上实有的东西，是指超越一切逻辑分别的终极智慧。**这个智慧是以幻象的方式说一切皆是幻象的这么一个事，因此"是名阿耨多罗三藐三菩提"**。"名"的意思是离一切相。

【译文】

这时须菩提问佛："世尊，难道说你没有得到一个叫作无上正等正觉的东西吗？”

佛说：“是的。是的。须菩提！无上正等正觉是悟到一切皆是心生幻象，在幻象中又有什么东西可以得到的呢？因此在“相上”说的所谓无上正等正觉也是名相——即梦中象。”

【精义】

“无有少法可得，是名阿耨多罗三藐三菩提”，这句话是佛法最不可思议的地方。不可思议的关键在于佛法是以有相的方式说了一个无相的事，即以幻象的方式说了一个非幻的事。因此，这在逻辑上是讲不通的，也是不可能的，但这就是佛法！讲得通的就不是最高义空的佛法了。

第二十三品　淨心行善分

【原文】

“复次，须菩提！是法平等，无有高下，是名阿耨多罗三藐三菩提。以无我、无人、无众生、无寿者，修一切善法，即得阿耨多罗三藐三菩提。须菩提！所言善法者，如来说即非善法，是名善法。”

【译文】

佛祖说：“其次，须菩提！度人之法没有哪个高、哪个低之分。只要是能够让人悟到实相的法都可称为阿耨多罗三藐三菩提。不要执着于哪个法是阿耨多罗三藐三菩提。只要是在离四相的基础上修一切度人的善法，就会得到阿耨多罗三藐三菩提！须菩提！所谓善法是以能度人为标准，因此不能执着于哪个法善，哪个法不善。”

【精义】

第一，在方便法中，佛祖应机开演出了八万四千法门，目的是为度八万四千种人。因此凡是能度人离苦得乐的法，对于被度者来说就是无上正等正觉。因此法门之间没有好坏之分，只要是能度人离苦得乐的法，就是第一等法。所以“是法平等，无有高下”。法不因某个人的喜好而分高下，以能度人为评判标准。

第二，佛法的核心奥义是实相无相：一切相——我、人、众生、寿者相都是幻象。认识到四相是幻象是悟到实相的标准。对于任何修证佛法者来说，其修证必须以此为基础才能最终证悟，得无上正等正觉。因此在离四相的基础上，修证一切离苦得乐的善法都会最终得到无上正等正觉。

第三，能度某个人的法，对他来说就是善的。同一个法却不一定能度另外一个人，对另外一个人来说这个法就不一定是最好的。因此，善与不善是以是否可以应机度人为标准。对度人的法不定标准即是标准，能度人离苦得乐的法就叫作善法。

第二十四品　福智无比分

【原文】

“须菩提！若三千大千世界中所有诸须弥山王，如是等七宝聚，有人持用布施；若人以此《般若波罗蜜经》乃至四句偈等，受持读诵为他人说，于前福德百分不及一，百千万亿分，乃至算数譬喻所不能及。”

【译文】

佛祖说：“须菩提！用三千大千世界七宝布施所得到的福德还不及相信这部经，甚至只是以经中任意四句话为他人讲说所得到福德的千万亿分之一，福德之大，甚至无法用数字来表达了。”

第二十五品　化无所化分

【原文】

“须菩提！于意云何？汝等勿谓如来作是念‘我当度众生’。须菩提！莫作是念。何以故？实无有众生如来度者。若有众生如来度者，如来即有我、人、众生、寿者。须菩提！如来说‘有我者’，即非有我，而凡夫之人以为有我。须菩提！凡夫者，如来说即非凡夫，是名凡夫。”

【讲解】

如来说有我者，即非有我，而凡夫之人以为有我：佛祖为度众生而在法相中说“有我”，这个“我”是假立的名相。

凡夫者，如来说即非凡夫：如果佛认为有个凡夫，佛祖就还有个众生相，如果这样佛就不是“佛”了。

【译文】

佛祖说：“须菩提，在你的心里不要有这样的想法，认为‘我度了众生’。为什么呢？因为众生都是梦中象。如果认为有众生被我所度，我就还没有离四相。须菩提！为演说佛法，在法相中我曾立出一个我相，那只是暂立的假象，实际上是无我的。但是一般凡夫没有理解我所说的义，却错误地认为我在说有个‘我’。须菩提！所谓的‘凡夫’，也非实有。”

【精义】

如果佛说还有凡夫的话，那么佛就还有四相，就不能称为佛！佛祖立出了我相又破了我相，立出了凡夫相又破了凡夫相。**因此，佛在引导须菩提悟到实相的过程中，对于相上的事不断地立，立后即破，最后究竟彻底的是：心外无佛、无众生、无凡夫。一切唯心之事！**

第二十六品　法身非相分

【原文】

"须菩提！于意云何？可以三十二相观如来不？"须菩提言："如是！如是！以三十二相观如来。"佛言："须菩提！若以三十二相观如来者，转轮圣王即是如来。"须菩提白佛言："世尊！如我解佛所说义，不应以三十二相观如来。"尔时，世尊而说偈言："若以色见我，以音声求我，是人行邪道，不能见如来。"

【讲解】

可以三十二相观如来不：观是指观看、识别。三十二相，指面相、相貌。

若以色见我，以音声求我："我"指如来本心（也指彻悟实相这个事）。色、音声指一切觉知到的身相、法相。

是人行邪道，不能见如来：邪道指非正确的方法。在一切幻象的觉知中，是不能觉知到真相的。在幻象中的一切相都是本无所有的，又怎么能够在其中觉知到创造出一切幻象的如来本心呢？因此佛法实相奥义只能证悟，不能说，一说即错。世尊可以有三十二相，如来没有三十二相。**如来不是一切相，如来是创造出一切相那**

个东西，因此是离一切相的。所以不应以三十二相的方式去认识和识别如来。

【译文】

佛祖问："须菩提！你是怎么认为的？可以通过观察是否具有三十二种圣相判断一个人是否成佛呢？"

须菩提答："可以。"

佛祖说："如果可以通过三十二相判断一个人是否成佛的话，转轮圣王也具有三十二种圣相，转轮圣王也是佛了。"

须菩提答："按照我对您所说义理的理解，不应以观察是否具有三十二相来判断一个人是否成佛。"

佛祖说：**"如果执着在一切色相上，以及声教比喻的法相上求证最高觉悟，是修行错了，是无法证悟到实相的。"**

【精义】

佛祖说：一切相，三十二相、音声相、法相都如同是梦中象。梦境中的任何现象都不具有创造出梦中象"如来本心"的任何特性，因此本品是"法身非相分"，说的就是如同是在梦境中求一个实有的真相、实有的法身，都不是正确之道，是无法证悟实相的。

第二十七品 无断无灭分

【原文】

“须菩提！汝若作是念：‘如来不以具足相故，得阿耨多罗三藐三菩提。’须菩提！莫作是念，‘如来不以具足相故，得阿耨多罗三藐三菩提。’须菩提！汝若作是念，‘发阿耨多罗三藐三菩提心者，说诸法断灭’，莫作是念！何以故？发阿耨多罗三藐三菩提心者，于法不说断灭相。”

【译文】

佛祖说：“须菩提！如果你认为如来是因为不具足三十二相而得到阿耨多罗三藐三菩提的，这种认识是错误的。须菩提！你不要这么认为：‘如来是不具足三十二相得阿耨多罗三藐三菩提的。’如果你这样认为就等于说求证发阿耨多罗三藐三菩提心的人不需要按照次第来修证了，如果这样就又执着于一切都空无所有了。为什么呢？因为求证佛法最高义空不是求证三十二相及诸法相都是空无所有断灭的，而是证悟世间万象、三十二相、诸法相都是心生幻象。”**注意：佛法不是断灭论，而是实相无相论。**

【精义】

上面佛祖把诸法相都破了。难道说这一切相本来就都没有吗？以前说的话都白说了吗？佛说法是度人的，小学、中学、大学还是要一步步来的，修行还是要在相上去修的。实际上所有的佛法都是在以有相的方式说无相，因此佛法不是说一切相彻底的没有，即于法不说断灭相。不能执着有，也不能执着空，要用法相度人度己，但不执着法相为实有上就是第一义。认识到一切相及一切法相皆是幻象，即得最高无上正等正觉！

从以上可以清楚看到，在幻象中，以幻象的语言文字说一切都是幻象是多么的“非逻辑”和多么的“不可思议”了！

第二十八品　不受不贪分

【原文】

“须菩提！若菩萨以满恒河沙等世界七宝持用布施；若复有人知一切法无我，得成于忍，此菩萨胜前菩萨所得功德。何以故？须菩提！以诸菩萨不受福德故。”须菩提白佛言：“世尊！云何菩萨不受福德？”“须菩提！菩萨所作福德，不应贪著，是故说不受福德。”

【讲解】

若复有人知一切法无我，得成于忍，此菩萨胜前菩萨所得功德：此处的忍不是忍耐而是相信的意思。**例如《华严经》中说：“无生忍者，不见有少法生。”意思是相信无生者，是认识到连一法都不是实有的。《仁王经》中说：“一切法空，得无生忍。”意思是认识到一切法都是幻象，就相信了一切无生。**

（图8 蜡烛影子）

什么叫作“无生”呢？佛法将世界幻象的特性

比喻为如同是眼睛病了，然后看到蜡烛旁边出现一个蜡烛的影子一样的“幻”（图8）。我们都知道，这个蜡烛影子是没有在蜡烛旁边的虚空中真实存在的，这个影子本质上是在你的心里生出来的。因此蜡烛的影子在虚空中是“无生”的。同样道理，如果世界万象都如同蜡烛的影子一样是幻象的话，世界万象中的一切现象就都是你的心里生出来的。如果认识到世界万象都是你的心生出来的就认识到了世界万象实际上没有在虚空中真实的“生”。既然无生，当然也不会出现真实的灭失。认识到这点就是认识到世界万象本质上是不生不灭的。生死也是世界万象中的一种现象，如果认识到世界万象是不生不灭的，就同时认识到了生死也是虚妄的。既然生死是虚妄的，轮回也是虚妄的，由此解脱轮回生死。

因此无生的意思是一切都是心生，一切没有在虚空中真实的生起。而无生忍是相信一切都是心生。

如果能够无我，也就认识到了无人、无众生、无寿者，就认识到了一切都是心生幻象。如果相信一切都是心生幻象就是功德无量的！为什么呢？因为认识到这点，就是认识到了福德、功德皆是心生！心是无量无边的！福德、功德就是无量无边的。因此“得成于忍，此菩萨胜前菩萨所得功德”。

以诸菩萨不受福德故：“不受”是指不执着。福德一贪执就是在求实有的有相的福德。有相的福德都是生灭的。不贪则是不执着其为实有，由此就是在修无相的福德。修无相的福德就是修

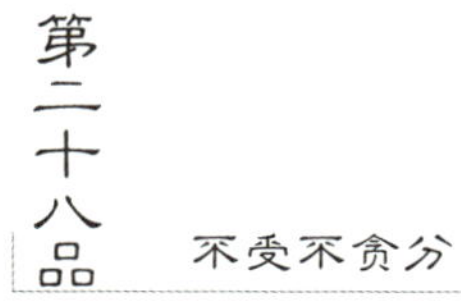

心上的福德。心生的福德是无量无边的。一切唯心之事。

贪著：执心外有物，认为福德是实有的，才会产生贪着。

【译文】

佛祖说："如果有人能够彻底相信无我之智，他所得到的福德比一个人用恒河沙一样多的七宝布施所得到的福德还要多。为什么呢？因为菩萨心中没贪执实有福德的缘故。"

须菩提问佛："为什么菩萨不得实有的福德呢？"

佛祖说："如果菩萨贪执福德，就是执着福德是实有的了，有相的福德都是生灭的，不是真福德。只有不贪执福德为实有，才会解脱一切烦恼苦和生死苦，这样才是修心，心上的福德是无量无边的！"

【精义】

在本品中，佛祖说如果菩萨能够彻底相信无我之智，其所得到的福德是无量无边的。为什么呢？因为菩萨如果"有我"就是妄执世界是实有的，会贪执有相有量的福德上，由此产生一切烦恼苦和生死苦。如果菩萨认识到一切都是心生幻有的，就不再执虚幻为实有，由此解脱了一切烦恼苦和生死苦。这是真福德，是无量福德！

第二十九品　威仪寂静分

【原文】

“须菩提！若有人言‘如来若来若去、若坐若卧’，是人不解我所说义。何以故？如来者，无所从来，亦无所去，故名如来。”

【讲解】

如来：好像是来了，又好像没来，即非来非去。为什么是非来非去的？“如来”表达的是本心。现在所说的一切名、一切相都是本心所生之幻象。在幻象中的一切名相都是有来有去、有生灭的。生出生灭来去的“心”是不在生灭来去之中的。因此，在以幻象中的名相来表达生出幻象的那个东西时，就称其为“如来”了。所以如来的意思是：不在一切来去之中。注意：如来是个非逻辑的词语。这个词是要告诉你：离一切分别！

再用个比喻说，如果用镜子中的物象表达镜子，只能说镜子相对于镜中物象的来去生灭来说是“无所从来亦无所去”的。

【译文】

佛祖说：“须菩提！如果有人认为本心在物象上是能来能去的，这是没有理解我要表达的义理。所谓的如来是不在能来能去之中的，因此在妄象中指其为‘如来’。”

第三十品 一合理相分

【原文】

“须菩提！若善男子、善女人，以三千大千世界碎为微尘，于意云何？是微尘众宁为多不？”须菩提言：“甚多，世尊！何以故？若是微尘众实有者，佛即不说是微尘众。所以者何？佛说微尘众，即非微尘众，是名微尘众。世尊！如来所说三千大千世界，即非世界，是名世界。何以故？”

【讲解】

一般人们理解“若是微尘众实有者，佛即不说是微尘众”这句话时，往往把其中的两个“是”理解成是或不是的“是”，因此容易掉入理解的误区。实际上，在古文中此处的“是”是指“这个”的意思。例如，“如是我闻”中的“是”是“此”“这”的意思。

在前文第十三品中佛祖说过“诸微尘，如来说非微尘，是名微尘。如来说世界，非世界，是名世界”，所以须菩提才在本段中说“佛说微尘众，即非微尘众，是名微尘众。世尊！如来所说三千大千世界，即非世界，是名世界。”

什么是“佛说……即非……是名……”呢？

对幻象中的某一个事物标记出一个名字，就是名、是相。因此，微尘以及由微尘聚合成的世界万物都是幻，也都是名、都是相。

【译文】

佛祖说：“须菩提，如果有人将三千大千世界捣碎为微尘，你认为微尘多吗？”

须菩提说：“多，太多了。为什么呢？如果把三千大千世界捣碎为微尘，这些众多的微尘是实有的话，您就不会说众多微尘这个事了。为什么呢？您所说的众多微尘以及三千大千世界都如同是病眼见空中幻花、如第二月一样的幻象，即都是幻象之中的名、相。为什么呢？”

【原文】

“若世界实有者，即是一合相。如来说一合相，即非一合相，是名一合相”。

【讲解】

“一合相”在《华严经大疏演义钞》中说：“一合相者，众缘和合故，揽众微以成于色，合五阴等，以成于人，名一合相。”

第三十品　一合理相分

对于“一合相”，在各家翻译《金刚经》时有不同的翻译。例如唐玄奘译为“一合执”；南朝真谛译为“聚一执”；隋代笈多译为“抟取”；唐朝义净则翻译为“聚执”。

因此，依义不依语，“一合相”的意思是世间一切所有都是由微尘聚合成的“相”。例如，土块是由微尘聚合成的；砖头是由微尘聚合成的；人体也是由诸微尘聚合成的。为什么呢？

因为地球是由微尘聚合成的，任何植物都是吸收了尘土（微尘）构成自己形体的，所以当人吃了植物后（例如苹果），微尘就又分散再聚合成了人体。当人死后，就尘归尘、土归土，循环再造了。所以微尘不变，变的是其所聚合成的各种相。例如树相、西红柿相、水杯相、山川河流相、清风浮云相，等等。世界的一切物象都是由微尘聚合成的各种相。因此须菩提自问自答说：“如果微尘是实有的话，世界就都是由微尘聚合成的各种的‘一合相’”。

用量子佛学解释说，构建世界的92种原子都是由在宇宙中一模一样的光子、电子、质子、中子等“微尘”组成的。例如，1个电子+1个质子就是氢原子；6个电子+6个质子+6个中子就是碳原子；8个电子+8个质子+8个中子就是氧原子；92个电子+92个质子+143个中子就组成了宇宙中最重的原子“铀-235原子”。在宇宙中，所有的92种原子都一模一样。例如你在任何一个星系中找到任何两片黄金、两颗钻石、两块岩石，其中的金原子、碳原子、铁原子都一模一样，这在物理学上叫不可分辨性原理。注意：没有树原子、猫原子和人原子。宇宙中只有“原子”。

就是说，宇宙中的任何物质，包括花草树木、彗星太阳，以至拥有1000亿颗恒星的整个银河系、100亿光年外的任何一个星系团以及你用来观察这一切的眼睛，分别思考这个事的大脑神经细胞，都是由宇宙中一模一样的光子、电子组合成的92种原子以其不同数量的排列模式构成的。

假设光子、电子、质子等“微尘”都是实有的，那么世界就都是由这些基本粒子构成的各种“一合相”（各种原子相、物质相）。然而量子力学证明：光子、电子、质子、中子都是不存在的，都是因意识观察而崩溃为存在的。所以不但是光子、电子是幻象，由光子、电子构建出的原子、分子、食物、眼睛、大脑、山河大地、恒星星系，以至整个宇宙都是幻象。最后构建不同模式这个事，即聚合成各种相的这个事也是幻有的！

【译文】

如果世界中的各种物象都是实有的话，世界就是由微尘聚合成的各种形式的固然不变实有的“一合相”。既然微尘是幻象中的名相，那么由微尘聚合成的世界也是个名相。同时微尘因缘聚合成世界的法理，即“一合相”的聚合道理也是如同病眼见空中幻花一样的名相（幻象）。

【原文】

“须菩提！一合相者，即是不可说，但凡夫之人贪著其事。”

【讲解】

为什么“一合相者，即是不可说”的？先看以下两点：

1. 世尊临入涅槃，文殊大士请佛再转法轮。世尊咄曰：“文殊!吾四十九年住世，未曾说一字，汝请吾再转法轮，是吾曾转法轮耶？”

2. 在前文第二十一品中佛祖说：“须菩提！汝勿谓如来作是念：‘我当有所说法。’莫作是念，何以故？若人言如来有所说法，即为谤佛，不能解我所说故。须菩提！说法者，无法可说，是名说法。”

因此，一合相之理本身也是妄想分别，从实相无相的角度说，是无“一合相”之事之理可说的。

在《楞严经》中，阿难执着地试图在世间万物中找出一个见性。佛祖告诉他：“见见之时，见非是见；见犹离见，见不能及。”这句话的意思是：“真心自性是不能被见到的。”为什么呢？

因为一切世界万物以及阿难本身的四大六根、妄想分别都是真心所创造出的物象，在这些物象之中又怎么能找到见性呢！所以佛祖告诉阿难“见不能及”——真心是无法被见到的。如果认识到真心是无法被见到的，就真见到了真心。这即如同是禅宗二祖回答达摩“觅心了不可得”后，达摩印证说“我与汝安心竟”（即是说你找到了真心）一样。

为了说明真心不在所知所见中，佛祖又在《楞严经》中说：“知见立知，即无明本；知见无见，斯即涅槃。”这句话意思是：“在所知所见中立出一个见性（真心），这就是无明（执着妄想）的根本。如果能够认识到在真心自性创造出六根的所知所见中是无法找到真心自性的就入真涅槃。”

因此，分别执着幻象中的“一合相”是众生的贪执妄想。

【译文】

（潜台词：佛祖印证了须菩提的说法）佛祖说：“须菩提！不但微尘是名相，世界是名相，即便是“聚合”这个道理本身也只是一个名相（如梦中象）。因此“一合相”（因缘聚合）这个事是不能再去做任何分别的。试图辨析一合相这个事，就如同是阿难试图在万物中找出创造出万物的真心一样，也即如同是在虚空幻花中欲想结出实有的果实一样，都是缘木求鱼的。但是凡夫却执着分别在因缘和合、由微尘聚合成世界中各种物象的“法理法相”上。

【精义】

再用个比喻来说，凡夫执虚幻为实有，这就像是电视剧中的人物认为电视剧中的世界是实有的，进而贪执分别在幻象中的一切是如何因缘聚合而生的，实际上电视中的影像非电视中事物的因缘所生。那是怎么生？当下即生！凡夫的这种贪执就是欲从空花结出实有的果实！

本品为一合理相分，意思是说“一合理”也是相，是相即是妄想分别。

为了更清晰地理解本段，下面再从量子佛学角度解释一下。

用量子佛学角度来说：世界万物都是由光子、电子、质子等基本粒子依次聚合而成为各种物象的。量子力学证明所有的基本粒子是“幻”有的，是因意识的观察而存在的。因此，不但基本粒子是幻有的，即便是由基本粒子聚合成的世界也是幻有的，实际上就连聚合这个道理本身也是幻有的。这就如同是说梦中象都是幻象，而梦中象中的微尘象是如何因缘聚合而成世界万物的道理本身也是个“梦中象”一样。所以，世界不是因缘和合而生的，世界是当下幻生出来的！

正因如此，佛祖在《楞严经》中有如下问答：“阿难白佛言：

‘世尊，必妙觉性，非因非缘。世尊云何常与比丘宣说见性具四种缘。所谓因空因明，因心因眼，是义云何？’佛言：‘阿难，我说世间诸因缘相，非第一义。’”

什么是第一义？第一义的意思是说：“光子电子等基本粒子及其所聚合成的世界，以及聚合的这个道理都是幻有的。就像是光子、电子、原子都不是因缘而生的，是在你意识到的当下即被创造出来的一样，在第一义佛法实相中，世界非因缘聚合而生，而是当下即生。但是凡夫却执着在因缘聚合之理（一合之理）、之事上。**执虚幻为实有即是凡夫。悟到心外无物、无佛、无众生即是佛！**”

所以请注意：第二义谈因缘聚合，第一义说因缘聚合本身也是幻生！第二义有一合相，第一义无一合相！为什么呢？

在第二义中，因缘聚合、因果，依据时间、空间的存在而存在。所以在第二义中的因缘聚合是以时间、空间为实有的基础上而说一切相因缘聚合而生这个事的。

什么是第一义的因果？

第一，相对论证明：时间、空间依赖于物质（光子、电子）的存在而存在。就是说，时间是对物质相对之间运动距离的测量，时间根本就不是一个实有的东西，只是对物质运动距离的标记而已。

第二，量子力学证明：光子、电子是因意识的观察而突然存在的，所以不但世界万物都是幻有，即便是依赖万物的存在而存在的时间、空间也是幻有的。所以依据时间、空间存在的因缘聚合这个理、这个事也是幻有的。因此，在佛法第一义中，依赖时间、空间而存在的因缘聚合（一合相）本身也非实有。在第一义中，因果是突破一切时间、空间而存在的。**所以第一义的因果不在时间、空间中发生，即不被时间空间所限制而发生。第一义的因果是没有过去与未来，又同时在创造着过去与未来的“因果”，这个因果是不可被表达的。**为什么呢？

因为第一，所有的表达都是在以时间、空间为实有的基础上以逻辑推理进行的表达，然而时间空间非实有，任何的表达都是名相，都是妄说。第二，心外无物，法实无外。佛法只能自悟自得。真因果是没有他人的因果，只有自己的因果。他人因果现象都是你的因果，即他人的因果现象都是你所做梦境中的一个现象。

所以，一切本质上都是唯心之事。不可说！说出来的都是梦中象。（说了个无所说是真说，有所说即有所执，有所执即是假立妄说）。

再从另一角度说，量子力学告诉我们：构成世界万物的基本粒子是突然就存在了，没有个“为什么”。人们永远也无法找到个“为什么”。因为在最近一百多年中，世界上在智商测量上最绝顶聪明的人——数以百万计的物理学家们做了无数的物理学实验，最终就没有找到个“为什么”。如果能找到为什么，就不称其为“量子”的物理学了（普朗克因为无法对光粒子、或者说光波、或者说能量、或者说辐射，确定为一个确定的值，因此只能无奈地称为一个“量”。为什么要“或者说、或者说”呢？因为你不能说“光”是什么。你只能说你想看什么，你就会看到什么。例如想看粒子还是波，结果都是依赖于你想以什么方式去看它，然后你就会看到它所表现出的形态。就是说，“它”依赖于你的看而存在，“它”实际上不是实有的）。所以光子突然就存在了的事情，是只有结果，没有原因的事情！这是最不可思议的。

佛法也是如此。佛法是在以有相的方式说了一个无相的事。这在逻辑上是不成立的。为什么呢？因为就像一个游戏中的人是不可能知道自己的世界是游戏现象一样，在幻象中的任何认知、任何分别都是幻象，都是执着妄想，因此在幻象中是无法认识到一切都是幻象的。

所以，但是，请注意！我说的是“但是”，佛法之所以是“佛法”的根本原因是：“佛法就是在幻象中说了一切都是幻象的这么一个不可思议的事。”因为这个事太过高深，超越一切世间逻辑分别，因此佛经在翻译的时候，一般不直接翻译“这个事”，只是音译为“般若”。在讲解佛法时，才无以名之，强以名之地用了智慧这个词。这个智慧是能度一切苦厄的。这一点在《心经》中说得很清楚“照见五蕴皆空，度一切苦厄”。五蕴是色受想行识，即指物质世界与精神世界。五蕴皆空是说精神世界与物质世界都是幻生——当下即生。精神世界包括一切所知所觉，以及分别出的“一合理相”。

最终就是说：佛法是在幻象中说了“一切皆是幻象”的这么一个事，即所谓实相无相：包括一切世间相，以及一切佛法相都是幻象。虽然这在一般逻辑上无法讲得通，但是，这就是真实！！！说真实即非真实，是名真实！

【问答录】

同学问：量子力学实验犹如是镜中像，那么镜中像是如何证明镜子存在的呢？再用梦境的比喻说，梦象中的一群物理学家们所做的量子物理实验是怎么证明自己是在梦幻中的呢？

高老师：现在想象一下，在梦境里有一群物理学家在做薛定谔猫的实验。他们把一只猫装在了一个箱子里，然后放上放射物、联动的锤子、毒药瓶。现在问：猫是死的还是活的？因为梦境里的一切相，只有做梦者体验到的才是存在的，所以物理学家通过量子实验最终证明：在没有打开箱子之前，猫是处于非死非活、即死即活状态中的——猫处在死与活之间不断闪动变换着的状态中。只有在打开箱子之后，猫的死活才被最终确定了的。所有的因果都在“看”的当下被创造出来了。因此，**物理学家们最终证明：他们所存在的世界就是这样的。什么样的呢？就是在意识体验之外，一切都是不确定的。一切都是“不存在”的。因此在证明到这一点**

后，物理学家们就证明到了“一切都是幻象”“自己就是制造幻象者”“自己就是做梦者”“自己就是体验者”“自己就是镜子”。

第一义是：量子力学实验本身也是“波粒二象性”的，证明本身也在梦象中。悟道成佛本身都是梦中物。成佛这个事只能自悟自得。为什么呢？因为外在无众生，亦无成佛及不成佛。心迷是众生，心悟即成佛。第一义即是不可说。

为什么是不可说的呢？因为包括你的提问，量子物理学实验，包括本书在内，一切时间与空间，一切物质现象，都是被你现在“看”出来的！！！

第三十一品　知见不生分

【原文】

“须菩提！若人言‘佛说我见、人见、众生见、寿者见’，须菩提！于意云何？是人解我所说义不？”“不也，世尊！是人不解如来所说义。何以故？世尊说‘我见、人见、众生见、寿者见’，即非我见、人见、众生见、寿者见，是名我见、人见、众生见、寿者见。”“须菩提！发阿耨多罗三藐三菩提心者，于一切法，应如是知，如是见，如是信解，不生法相。须菩提！所言法相者，如来说即非法相，是名法相。”

【讲解】

世尊说我见、人见、众生见、寿者见，即非我见、人见、众生见、寿者见，是名我见、人见、众生见、寿者见：世尊您所说的一切我见、人见、众生见、寿者见都是为引导众生证悟实相而假说和比喻说。

须菩提！所言法相者，如来说即非法相，是名法相：佛祖刚立出一个“不生法相”的法相，紧接着又把这一法相给推翻了。立后即破！

【译文】

佛祖说："如果有人在法相上分别说'佛说有我的见解、有他人的见解，有众生的见解，有寿者相的见解'，那么你是怎么认为的，这个人是否理解了我所要表达的实相无相的道理呢？"

须菩提说："这个人没有理解您所说的义理。为什么呢？因为您在弘法度众生的过程中，为说明实相而暂立出法相中的'我见人见众生见寿者见'，实际上那些都是比喻，都是名相。"

佛祖说："对于一切求无上正等正觉的菩萨们都应该这样去认识，都应该这样去相信和理解实相。不要执着在任何一个法相为实有上。须菩提！我现在所说的法，也只是一个名相，一切都是梦生。"

第三十二品　应化非真分

【原文】

“须菩提！若有人以满无量阿僧祇世界七宝持用布施，若有善男子、善女人发菩提心者，持于此经乃至四句偈等，受持读诵，为人演说，其福胜彼。云何为人演说，不取于相，如如不动。何以故？一切有为法，如梦幻泡影，如露亦如电，应作如是观。”

佛说是经已，长老须菩提及诸比丘、比丘尼、优婆塞、优婆夷，一切世间、天、人、阿修罗，闻佛所说，皆大欢喜，信受奉行。

【讲解】

其福胜彼：说用七宝布施只是一个比喻，七宝布施所得到的福德是相对的，持诵本经所得福德是心生的，心生的是无量的。

不取于相，如如不动：第一，树立出一个相是为了度人，不树相就无法度人。度人的法相因一个特定的人群而立出，而不是用一个法相去度所有的人，所以是因人而树相，因人而立相。立出一个相，要破一个相，否则就不能称为第一义的佛法。例如讲个故事：一个学佛者，找了好多老师学佛，学了不同的法相。然而没等老师破了其所立的法相时，他就跑了，去找下一位老师去了，最后只是学到一堆法相，最终被一切法相所困。这样就本来不迷，反而迷了。因此不执于相，因人因机立法相就是不取于相。

第二，一切相皆是比喻，本体不在一切喻体中。因此本体是如如不动的，变动的是因人因机树立的喻体。**要以实相的境界讲解佛法，而不是以相上的境界讲解佛法。让人们认识到实相而去树立法相就是不取于相，如如不动。**

皆大欢喜，信受奉行：按照这个方法去为人处世、去修行。如何修行？修生活就是最好的修行。学佛不是学成神，因为佛是觉悟了的人。大修修生活，小修修道。凡是执着于修道者，皆不是真道。真道在日常行住坐卧间。此心就是道，此心就是佛。不要心外觅佛求道。心外觅佛求道就是道中求道，以佛觅佛。

一切有为法，如梦幻泡影；如露亦如电，应作如是观：有为法，指一切因人、因机而假立出的比喻法相，例如八万四千法门中所立的八万四千种法相。一切万事万物，以及一切法相都像是梦境、幻觉、水泡、朝露、闪电一样是转瞬即逝和无常生灭的。一切众生以及一切菩萨都应该这样去认识。

【译文】

佛祖说：“如果有求觉悟的人，持用此经甚至其中四句话为人解说。他所得到的福德比有人用几万万亿个世界的七宝布施所得到的福德还要多。如何为人解说呢？要以善立比喻法相，随立随破法相，让人最终悟到实相的方式为人解说。为什么呢？因为一切法相比喻都是无常生灭和虚幻不实的。”

佛祖说经完毕！长老须菩提以及一切大菩萨、天、人、阿修罗等，法喜充满，相信佛所说的实相义理，按照佛的义理修证佛法！

【精义】

佛法的奥义是实相无相。佛祖是以有相的方式让人理解到无相的道理。相上的福德都是生灭的、转瞬即逝的，修无相的福德——即修心所得到的福德是无量无边的。

在本品中，佛祖说：“如果菩萨为人解说这部金刚经，他所得到的福德比有人以满无量阿僧祇世界七宝持用布施所得到的福德还要多。为什么呢？因为为人讲说这部经就是在修菩萨的‘心’，心解脱是最大的福德。由修心所生出的福德是无量无边的。”

那么如何为人解说呢？因为佛法是在以有相的方式说无相，所以解说的方式是不执着在任何一个比喻法相上，以引导人们悟到实相为目标，可以善立法相，但须应机随立随破。就是说，要以不执我相、法相为实有上，应机缘、善树相的方式为人讲解一切无相的道理。立一切相的目的是为了度人，破一切相的目的是让人悟到实相成佛。所讲所说皆是随机施法，都是指向实相。

今天学了《金刚经》，回去修自心自性，度众生度的是自己。一切都在因果中，相信因果就是解脱。不要被法相所转，要转法相证实相，获得法解脱。要灵通理解佛法奥义，否则为了解脱烦恼弄出个执着相出来，烦恼没了，执着又成烦恼了。

境界不同，看法不同。一位叫作惟信禅师的古德说："老僧三十年前未参禅时，见山是山，见水是水。及至后来，亲见知识，有个入处，见山不是山，见水不是水。而今得个休歇处，依前见山只是山，见水只是水。"这段话带来的结果是：佛法在世间，不离世间觉。不要离于生活求证佛法。最好的生活就是最好的学佛。最好的学佛就是为了更好地去生活。希望大家能够直达第一实相空义。实相法难讲、难学，这要看机缘。

下面讲一个故事结束本次讲解。

《传灯录》："德山禅师，著金刚经青龙疏钞一百卷，闻人说南方盛传禅宗，不立语言文字，直指人心，见性成佛。谓为魔子魔孙，待我去教化他。遂将青龙疏钞一百卷，担起离蜀，来至南方。途中肚饥，向婆子买油滋点心。婆子指担云：'这个是什么？'答曰：'青龙疏钞。'又问讲何经。答讲金刚经。婆曰：‘吾有一问，经中有过去心不可得，现在心不可得，未来心不可得，未审上座点那个心？道得点心供养，道不得请别处去。’山无对，心中窃思，南方婆子，尚且如是，其僧安可轻视。遂往龙潭参信禅师。信预知其来，嘱知客僧，明日周金刚（俗姓周，人呼他周金刚）来山求见，与说外出。晚间引至相见。会晤后，送出方丈，吹灭纸灯，忽然大悟。乃曰：‘穷诸玄辩，若一毫置于太虚；竭世枢机，似一滴投于巨海。’竟将疏钞举火焚之。”

“吹灭纸灯”，一片漆黑，八万四千法门“本来无一物”！金刚经种种言说亦是本无所有！因此，讲者无讲，听者无听，离一切分别讲说，悟到此时此刻，十方世界、万古千秋都是唯心所现，即得阿耨多罗三藐三菩提！

祝大家早日成佛！普度众生！度众生度的是自己！阿弥陀佛！唯心所现！

【问答录】

同学问：用三千大千世界七宝布施为什么没有诵读《金刚经》福德大?

高老师：佛说三千大千世界七宝，这只是个比喻。目的是让人们对本经所说的义理生起信心。福德无论有多大都是心中物，因此心无大小，大小只是心对福德的分别。《金刚经》是说如何修心的，因为心无量无边，所以修心的福德是无量无边的。

如何修心呢？方法是布施而不住于相。为什么呢？因为一切相都是心生幻象，试图在自己所创造出的幻象中去求福德，就如同是小猫咪不断去抓自己的尾巴，它以为可以抓到，实际上是徒劳无获的。所以只有不认为外在世界为实有，以不住于相的方式布施修心，才是真修心，才可以生起无量真福德！

福德的本质是唯心所现，这是大福德。有心才有福德，没心何来福德？所以布施而不住于相是真福德！布施而不住于相修的是心而不是相！

同学问：《金刚经》中为什么要从灭度众生的方式讲说降服其心？

高老师：佛法只能是自度自得。因为一切都是心生幻象，心外无众生，所以度众生度的是自己。如果菩萨执虚幻为实有，认为外在有所度之众生，那么他就如同试图在虚空幻花中抓出一个实有的东西一样，永远无所得，这时他就不是真菩萨。如果菩萨心中没有所度之人，这时度的就是自己。因此在幻象中降服一个幻象心的非逻辑方式是：**灭度众生就是在灭度自己。反过来说，灭度自己的方式是灭度众生。灭度自己即是降伏其心，离苦得乐！为什么是这样的呢？因为一切都是你的心生幻象。**

同学问：应将心住在什么地方呢？

高老师：觉悟的人会如何面对这个世界？答案是：他会积极地生活在这个世界上，因为这个世界是他创造出来的。他要发善良的心就会得到善良的报应，如果他知道一切都是唯心所现的话，就会布施而不住于相。因此，你应该将心住在布施而不住于相上，这样就福德无量无边了。

同学问：悟道是悟到什么？悟与未悟的区别是什么？

高老师：悟到一切都是因果，悟到一切唯心所现就是悟道。一个人悟道了，就会以悟道的方式生活着。悟道的生活方式是什么呢？很简单：诸恶莫作，众善奉行。那么虽然未悟道，又如何像悟道者一样活着呢？答案：诸恶莫作，众善奉行。二者的区别是：未悟者迷惑于一切我相、法相。还没有我解脱、法解脱。悟道者解脱

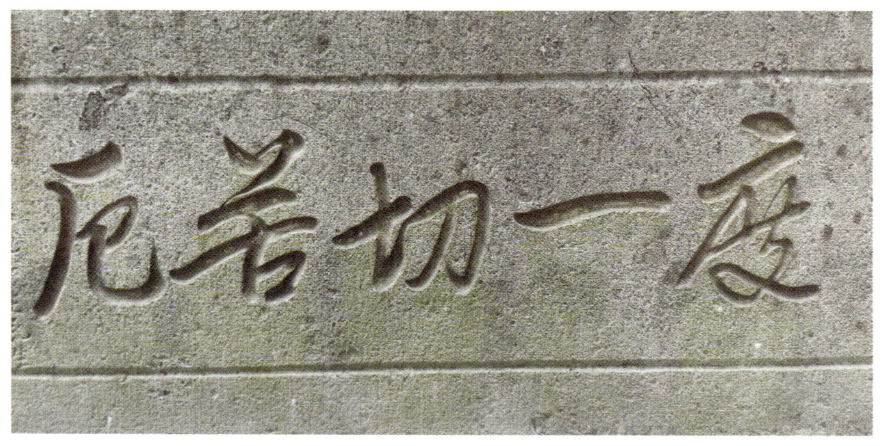

（图9 杭州灵隐寺旁韬光寺石刻：度一切苦厄）

了一切我相、法相，可以不取于相，以一切种智慧度化一切人！金刚经就是告诉你虽然未悟，如何像悟道者一样活着！以世界皆是你梦象的认识方式活着，就是大自在！由此就会度一切苦厄和解脱生死轮回！

附录：心经量子说

【原文】

《般若波罗蜜多心经》

唐玄奘译

观自在菩萨，行深般若波罗蜜多时，照见五蕴皆空，度一切苦厄。舍利子，色不异空，空不异色；色即是空，空即是色。受想行识，亦复如是。舍利子，是诸法空相，不生不灭，不垢不净，不增不减。是故空中无色，无受想行识；无眼耳鼻舌意，无色声香味触法；无眼界，乃至无意识界；无无明，亦无无明尽，乃至无老死，亦无老死尽；无苦集灭道；无智亦无得；以无所得故。

菩提萨埵，依般若波罗蜜多故，心无挂碍。无挂碍故，无有恐怖，远离颠倒梦想，究竟涅槃。三世诸佛，依般若波罗蜜多故，得阿耨多罗三藐三菩提。

故知般若波罗蜜多，是大神咒，是大明咒，是无上咒，是无等等咒，能除一切苦，真实不虚。故说般若波罗蜜多咒，即说咒曰：揭帝揭帝，波罗揭帝，波罗僧揭帝，菩提萨婆诃。

【高月明解译】

观自在菩萨：指观世音菩萨。

行深：在甚深禅定中。

般若波罗蜜多：解脱一切苦，到达离苦得乐彼岸的大智慧。

照见：证悟到；认识到。

五蕴：佛学将世界一切所有划分为了五种现象："色受想行识"。色指物质世界。受想行识指精神现象。

皆空：此处的空不是指彻底的没有，也不是指彻底的有，而是指幻有。准确地说是指一切都是心生出来的幻有。

度一切苦厄：解脱一切世间烦恼苦和生死苦。

以量子佛学来说，在禅定中体证到的是，一切由原子组成的世界，如清风树叶、山河大地、星系星空，以及受想行识和你用来观察这一切的眼睛都

（图10 观自在菩萨）

是被你“看”出来的。“看”这个世界的不是眼睛，而是“心”在看！

舍利子：指舍利弗。是佛祖十大弟子之一。

色不异空，空不异色；色即是空，空即是色。受想行识，亦复如是：没有一个脱离物质世界和精神现象单独存在的幻象，也没有一个幻象以外单独存在实有的物质世界和精神现象。

上句说“五蕴皆空”，现在又为什么说“空色不异”了呢？

究竟的、根本的原因是，不应该以一般逻辑概念理解佛法实相中的“空”（幻）义。

例如，不应该以梦境的幻象直接平行地理解世界本质的“幻”。梦境的比喻只是在本质的幻象中升起的一个“幻”。任何的比喻都是在“幻中喻”。第一义的“空”是超越一切比喻言词的非逻辑性的“空”。即，佛法第一实相上的“空”义是：在幻象中说“一切皆幻”是没有任何真实意义的。为什么呢？因为一切的“说幻说实”都是幻象中的妄想分别。为什么呢？因为对一切色受想行识的“说空说有”都是在以幻象方式存在着的“色受想行识”中“说”。所以一切“说”就都是“妄说”和“幻中说幻”——于虚妄体重执虚妄。

因此，一切的“说空说色”都是“相”，“实相”是“离一切相，即一切法”。所以要离开一切对“色受想行识”和“空”的分别，超越一切对“幻”和“幻象中比喻言词”的分别执着，才能认识到实相。

因为要让一个人认识到“一切说”都是“幻中说幻”，**只有超越一切在幻象中的分别执着，才能认识到当下即是真心自性，此刻就是菩提涅槃，**所以才会非逻辑地这样说：“色不异空，空不异色；色即是空，空即是色。受想行识，亦复如是。”

以量子佛学来说，如果组成世界的基本粒子都是被你看出来的，那么由基本粒子组成的原子、分子、基因、蛋白质以及产生学佛思想的神经细胞、神经系统和任何的感知觉都是被你看出来的“幻有”。任何的思想观念、山河虚空大地都是被你看出来的“心前之物”。用心前之物“说色说空”都是假立妄说！认识到一切“假立妄说”都是“心中物”就是究竟彻底的菩提涅槃！

是诸法空相，不生不灭，不垢不净，不增不减：按照佛法的第一实相义来理解这段话的意思是：一切法，即一切物质世界和精神现象的幻象方式是“不生不灭，不垢不净，不增不减”的。为什么呢？在佛经中对心生幻象的统一比喻是“捏目成华”。意思是：一个人捏住眼睛看虚空中的一个物象时，就会在物象旁看到一个幻象。例如看到蜡烛旁边存在一个蜡烛影或者月亮旁边出现第二个月亮。因为蜡烛影、第二个月亮是没有在虚空中真实生起的，只是在一个人的“心”里生出来的，所以表达蜡烛影、第二个月亮的特性时会说到蜡烛影在虚空中是没有真实的“生”，也没有真实的“灭”。在虚空中也不存在蜡烛影真实的“垢净、增减”。一切都是在心中“生灭、垢净、增减”。一切都是心理事件。

以量子佛学来说，例如在一个如指甲盖大小的芯片中就可以模拟渲染出一个宇宙和众多星系的存在。其中包括清风、树叶、岩石、飞鸟、山川、大地、星系、星空，等等。如果你生活在其中，根本无法想象到，一切世界所有竟然只存在于一个小小的芯片中（图11）。

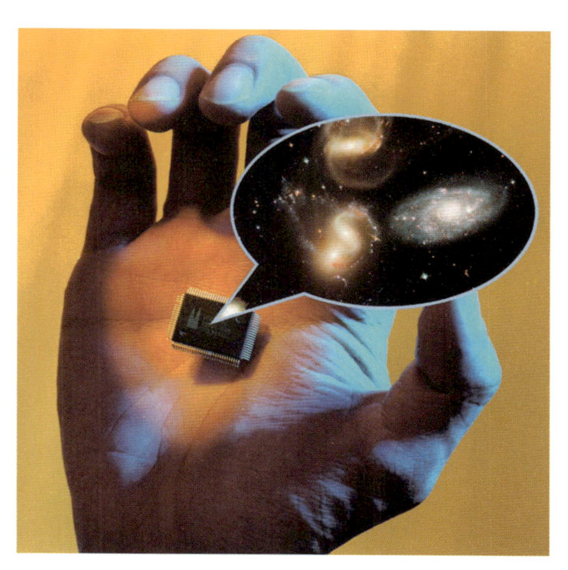
（图11 芯片中的星系）

同样道理，如果这个世界都是被你“看”出来的，无论你看到的山川大地有多么大、星系星空有多么遥远和宽敞，这一切都可以存在于一个“无大无小”的如芯片一样的“心”中。这时，对“大”“小”概念的分辨已经没有任何实际意义了。

如果世界一切都是被你“看”出来的，那么根本就没有真实存在着的“大小、生灭、增减、垢净”。一切法，一切万事万物，都是在“心”中“大小、生灭、增减、垢净”！

故空中无色，无受想行识；无眼耳鼻舌意，无色声香味触法；无眼界，乃至无意识界；无无明，亦无无明尽，乃至无老死，亦无老死尽；无苦集灭道；无智亦无得，以无所得故：佛法的真实义是认识到生命宇宙的真相。而真相用佛经中的话表达就是“实相无相”，即真相是一切都是幻象。那么这是一种什么样的幻象呢?

用比喻来说，世界一切所有都如同是梦中象。例如你做了一个梦，梦境中你学习了佛学思想（苦集灭道，解脱生死法），看到他人的生死，遇到的烦恼解脱，等等。当你醒过来时，会发现梦境中的一切都是本无所有的，一切现象在醒时都是“不可得”的。

以此为喻，佛法真实的“空义”是指：世界是个幻象，即一切物质世界和精神世界都是心生的幻象。

就像是在梦境中存在的你的眼睛、耳朵、鼻子等六根，看到的景色、声音、香味等六尘，对眼识、耳识、意识等的分别，以及梦境中学佛学到的无明、无明尽、老死解脱、苦集灭道、智慧所得，等等思想概念，都会在你醒过来时“一切皆空”一样，现在你所看到的你自身，以及一切世界所有都是如梦境一样是“本空”的。生命、命运以及一切世界所有都是本无所有和了不可得的！这就是超越一切逻辑分别的奥秘和大智慧。

这段话不但破了一切世间相、烦恼相、生死相和我相，同时也破了一切法相。正所谓“离一切诸相，即名诸佛”！以量子佛学来说，如果原子是被你看出来的，由原子组成的眼前的一切山河虚空大地都是被你“看”出来的。如果原子是被你看出来的，由原子组成的眼耳鼻舌身等感觉器官也都是被你“看”出来的。

如果眼耳鼻舌身等感觉器官都是被你“看”出来的，那么由这些感觉器官产生出的“色声香味触”等感觉，以及在这些感觉中产生出来的任何“法”——思想观念——包括对生死涅槃、苦集灭道、智慧愚痴等的分别领悟，都是被你“看”出来的。所以，如果原子是被你“看”出来的，世界一切所有就都是被你“看”出来的。如果原子是被你“看”出来的，那么宇宙中只有“你”。在“你看到的一切”之外，一切都是一片虚无的和不存在的（图12）！

（图12 在“看”到之外一切皆空）

菩提萨埵，依般若波罗蜜多故，心无挂碍；无挂碍故，无有恐怖，远离颠倒梦想，究竟涅槃。三世诸佛，依般若波罗蜜多故，得阿耨多罗三藐三菩提：挂碍是牵挂、障碍的意思。什么叫作颠倒梦想？在世间一切物质世界和精神现象中寻找本心就是众生的颠倒，认识到一切物质世界和精神现象都是本心所创造出的幻象即是正知正见的佛。众生都是将心捉心、以佛觅佛。认为外在世界是实有的，执着痴迷各种为说明实相的法相中就是众生的贪执分别和痴心妄想。

不是有个境界可入叫涅槃，而是认识到一切都是心创造出来的幻象，就解脱了一切世间烦恼苦和生死苦，这样就是进入离苦得乐究竟彻底的涅槃中了。过去、现在、未来的一切悟道成佛者都是依这一智慧得到无上正等正觉的！

故知般若波罗蜜多，是大神咒，是大明咒，是无上咒，是无等等咒，能除一切苦，真实不虚。故说般若波罗蜜多咒，即说咒曰：揭帝揭帝，波罗揭帝，波罗僧揭帝，菩提萨婆诃：因此你应该知道这个智慧就是大神咒、大明咒、无上咒、无等等咒。这个智慧是可以除灭一切世间苦的，是真实不虚的。因此说这个度一切众生离苦得乐的咒，即说咒曰：揭谛揭谛（去吧，去吧），波罗揭谛（到彼岸去吧），波罗僧揭谛（大家快去彼岸），菩提萨婆诃（修成正果）。

【译文】

观世音菩萨在甚深禅定中体证到达离苦得乐彼岸的大智慧时，证悟到了世间一切物质世界和精神现象都是心生幻有出来的。由于这种证悟就解脱了一切世间的烦恼苦和生死苦。舍利弗，没有一个脱离物质世界和精神现象单独存在的幻象，也没有一个幻象以外单独存在实有的物质世界和精神现象。

一切法的存在皆如捏目成华，所以没有真实存在一切法的生灭、垢净、增减。一切法都是在心中生灭、垢净、增减。

因为一切法都是被“观察”出来的幻有，所以一切法——物质世界、精神现象、六根、六尘、六识、生死涅槃、苦集灭道、智慧愚痴，等等，都如同是梦境中出现的一切事物和现象在梦醒时一切都本无所有和了不可得一样，一切法都不是实际存在的。

一切求解脱大道的众生，因为依此大智慧，就不再执虚妄为实有，由此就不被贪欲执求外在一切虚妄不实的事物和情感而产生的牵挂所障碍。因为没有了这种牵挂，就消除了一切世间烦恼苦产生的恐惧。

一切都是被你“看”出来的，“看出世界”的本心不在被它看出来的物质世界和精神现象以及你的身体之中，所以本心是不会轮回在被它所观察出来的身体的生死之中的，本心是不死的。因此认识到生死也是被观察出来的假象存在，就解脱了由牵挂生死苦产生的恐惧。

在世间一切物质世界和精神现象中寻找本心就是众生的颠倒，认识到一切物质世界和精神现象都是本心所创造出的幻象即是正知正见的佛。众生都是将心捉心、以佛觅佛。认为外在世界是实有的，执着痴迷各种为说明实相的法相中就是众生的贪执分别和痴心妄想。不是有个境界可入叫涅槃，而是认识到一切都是心创造出来的幻象，就解脱了一切世间烦恼苦和生死苦，这样就是进入离苦得乐究竟彻底的涅槃中了。过去、现在、未来的一切悟道成佛者都是依这一智慧得到无上正等正觉的！

因此你应该知道这个智慧就是大神咒、大明咒、无上咒、无等等咒。这个智慧是可以除灭一切世间苦的，是真实不虚的。因此说这个度一切众生离苦得乐的咒，即说咒曰：揭帝揭帝，波罗揭帝，波罗僧揭帝，菩提萨婆诃。

【体悟心经】

当一个人遇到生活中的苦恼时，可以多颂读《心经》，多去体悟“无常苦、空、无我”的意义，就可以解脱一切恐惧、烦恼和困苦！

无常苦

世界上的一切事情都是无常的。如眼前的房屋、汽车、衣服、山川河流，你的朋友、亲人、爱人、孩子、团体生活，等等。无常的意思是，你早晚得失去他们。当失去其中某一个事物时，你就会体验到由失去带来的“苦”，这就是无常苦。

如何解脱无常苦呢?

答案是要认识到无常是“常”。即“恒常”的是“一切都是无常的”。世界上最有力量的法则就是变化，变化即是“无常”。世界上没有不被无常摧毁的事物。例如再高大的山川、再坚硬的岩石，即便是恒星、星系最终都会被“无常”摧毁。

无论你经历什么样的焦虑、忧愁、担心和恐惧，没有一件事情是永远停留在你身体里的，最终都会被“无常”摧毁。例如，当事业遇到坎坷、情感遇到挫折，甚至面对绝境时，要认识到这一切都是无常的，最终都会成为“过去事”。

当意气风发，春风得意时，要认识到，无论你拥有多么巨大的财富、多么显赫的功名和富贵，这一切都是无常的。因此要珍惜当下，积福行善，体验生活。只有行善才会给你带来真正的心灵安宁和愉悦!

认识到无常是“常”，就会坦然面对和接受一切“无常”，能够“常”地活在对当下生活的体验中!

空

一切都是“空”的。空的意思是一切都是虚幻的。当你相信，或者说悟到这一点时，就会从内心涌现出一种说不清、道不名的超越一切的“自由”。你不再会为过去的损失所懊悔，不再纠结于任何事物的得失，不再有“无常苦”。你会体验到生命的过程就是这样的，一切都是虚幻不实的。

正因为一切都是虚幻不实的，你将不再恐惧死亡，能够认识到生命的意义在于体验生活。虚幻中的一切体验都是美好的、自由的和极乐的！

无我

“自我”并不是一种实有的存在。所以在体验生命的过程中，你追求的一切似乎突然就变得毫无意义了。你曾经的期望、爱、恨、抱负，等等，都是毫无意义的。你本身就不是一个恒久的存在。如果“我”是虚幻的，那么“我死去”也不是实际存在的。如果悟到“无我”就悟到了死亡只是一个假象——只存在于你大脑的想象中。

如果他人的生死都是被你“看”出来的，你就不会真实地经历到被你“看”出来的“死亡事件”。你看到的一切死亡事件都如同是你的“梦中象”。如果世界以及人生是一个梦境事件，你在梦境中就永远不会死去。这就好像是如果电影中的主人公死去了，电影就没有实际存在的意义一样，这个世界就是“你”，你就是这个世界的一切！